JN327420

英語でおしゃべり スモールトークに強くなる

コスモピア編集部 編

はじめに

　近年、日本では雑談力の大切さが言われるようになってきました。その理由のひとつは、仕事の内容以外で相手と雑談をすることが、ビジネスを含めた人間関係にとてもよい影響をもたらすと考えられるようになってきたためです。

　一方、英語圏には昔から「スモールトーク」という文化があります。日本語でいうと「ちょっとした世間話や雑談」ということになりますが、日常的に自然に行うことでよい雰囲気を作り出し、相手との関係を構築する上で非常に重要な役割を果たしています。

　日本人の中には仕事で外国人と英語でやり取りをしている人でも、スモールトークを苦手としている人は少なくありません。仕事の内容を英語で伝えることはできても、気軽な話題でコミュニケーションを図るとなると、何をどうしていいか困ってしまうというのは多くの日本人が抱える悩みです。

　そこで、本書では「いかにスモールトークを乗り切るか」に焦点を当て、多くの人の体験談を踏まえつつ、スモールトークに役立つストラテジーやコツを紹介します。

　Part1ではスモールトークをスムーズに展開するためのストラテジーを学びます。スモールトークにはある程度のスピーキング力があることが大切ですが、スピーキング力が高いからといって、必ずしも上手なスモールトークができるとは限りません。相手がいてそれに合わせてアドリブでスモールトークをこなしていくためには、やはりさまざまなテクニックも知っておく必要があります。

Part2 では、30 人にインタビュー取材をして、スモールトークを乗り切るためのコツを聞きました。学校の教師や塾の講師、翻訳者、ライター、弁護士など日常的にスモールトークを行っている方々からさまざまなアドバイスをいただきました。苦労話やユニークな体験談を通してスモールトークのコツをつかんでいただきたいと思います。

　Part3 では①センテンストレーニング、②使える話題 10 連発、③生スモールトーク 10 連発の 3 つを用意しました。①ではスモールトークの中で瞬間的にセンテンスが出てくるように A と B の対話を使ってトレーニングします。②では日本人がネイティブと話す際に役に立つ話題を 10 テーマ用意しました。③ではネイティブ同士の会話とネイティブと日本人の会話を用意しました。日本人がネイティブ以上に流暢に話すということは難しいのですが、よい聞き役として相手がもっと話をしたい気持ちになるようにさせることはできます。そうすることでお互いによい関係を築いていけるはずです。

　日常生活でもビジネスでも、最終的には個人と個人の信頼関係が非常に重要です。そのときに相互理解が必要になってきますが、スモールトークはその架け橋になるものです。本書を参考に学習者の皆さまが自分なりのスモールトークができるようになることを願っています。最後に、本書の刊行にあたって、インタビューにご協力いただいた方々、本書制作にご協力いただいた方々に感謝申し上げます。

コスモピア編集部

目次

はじめに 2
本書の構成と使い方 8
CDの構成 12

Part ❶ スモールトークのストラテジー 013

- 基本テクニック 16
- 状況別 スモールトークの切り出し方 28

Part ❷ 30人に聞く スモールトークを乗り切るコツ 033

- 安河内哲也 34
- 布留川 勝 42
- 高橋基治 50
- 浦島 久 58
- 藤尾真吾・藤尾美佐 66
- 佐藤洋一 74
- 川本佐奈恵 80
- 戸谷比呂美 84
- 山口西夏 88
- 柴田真一 38
- 青野仲達 46
- 川合亮平 54
- スティーブ・ソレイシィ 62
- 竹内栄子 70
- 小林いづみ 78
- 上原雅子 82
- 神崎正哉 86
- 佐藤まりあ 90

Contents

- 堀 浩之 …………………… 92
- 山崎隆二 ………………… 96
- 福田聡子 ………………… 100
- アリス・カサハラ ……… 104
- 喜多祥子 ………………… 108
- メイ・オウマ …………… 112
- シェイン・ベルトン …… 94
- 松原亜沙子 ……………… 98
- 濱崎 都 ………………… 102
- ダニエル・ヘグウッド … 106
- ディパンカー・ババール 110

Part 3
センストレーニング &
話題・生スモールトーク10連発　113

❶ 使えるセンテンストレーニング　114

　1. 最初のひとことセンテンス …………………………… 114
　2. 会話のきっかけになるセンテンス① ………………… 116
　3. 会話のきっかけになるセンテンス② ………………… 118
　4. 話題を振るときのセンテンス ………………………… 120
　5. 話題を切り替えるときのセンテンス ………………… 122
　6. あいづちセンテンス① ………………………………… 124
　7. あいづちセンテンス② ………………………………… 126
　8. あいづちセンテンス③ ………………………………… 128
　9. 相手を褒めるセンテンス ……………………………… 130

10. 日本について話題にするときのセンテンス① ……… 132
11. 日本について話題にするときのセンテンス② ……… 134
12. 相手の国のことを話題にするときのセンテンス … 136
13. 聞き取れなかったときのセンテンス① ……………… 138
14. 聞き取れなかったときのセンテンス② ……………… 140
15. 言葉に詰まったときのセンテンス …………………… 142
16. しばらく会っていないときのセンテンス …………… 144
17. 天気についてのセンテンス① ………………………… 146
18. 天気についてのセンテンス② ………………………… 148
19. 留学したときに使えるセンテンス …………………… 150
20. 締めのあいさつセンテンス …………………………… 152

❷ 使える話題 10連発　154

1. 日本食　ラーメン ……………………………………… 154
2. 日本食　大豆食品 ……………………………………… 156
3. 日本食　お茶 …………………………………………… 158
4. 日本食　お酒 …………………………………………… 160
5. 天気 ……………………………………………………… 162
6. 旅行 ……………………………………………………… 164
7. オリンピック …………………………………………… 166
8. ゴルフ …………………………………………………… 168

Contents

9. サッカー ……………………………………… 170
10. テニス ………………………………………… 172

❸ 生スモールトーク 10連発 174

- 日本食 ラーメン　ネイティブ+ネイティブ ……… 174
　　　　　　　　　ネイティブ+日本人 …………… 176

- 日本食 大豆食品　ネイティブ+ネイティブ ……… 178
　　　　　　　　　ネイティブ+日本人 …………… 180

- 日本食 お茶　　　ネイティブ+ネイティブ ……… 182
　　　　　　　　　ネイティブ+日本人 …………… 184

- 日本食 お酒　　　ネイティブ+ネイティブ ……… 186
　　　　　　　　　ネイティブ+日本人 …………… 188

- 天気　　　　　　ネイティブ+ネイティブ ……… 190
　　　　　　　　　ネイティブ+日本人 …………… 192

本書の構成と使い方

Part 1　スモールトークのストラテジー

　ここでは、スモールトークをスムーズに展開する上で必要なストラテジーを学びます。まず「初対面のあいさつと名前を知らせる」「初対面の相手に興味を持っていることを示し、共通の話題を見つける」「相手の言葉を繰り返す」など、おさえておいたほうがよい基本のテクニックを会話例とともに見ていきましょう。次に、「ミーティングやセミナーが始まる前に」「ミーティング途中の休憩時間に」「ランチタイムに」など、さまざまな状況で行われるスモールトークで、話しはじめの切り出し方を会話例に沿って見ていきます。
　どの例文もよく使うものばかりですので、Part3 で取り上げた使えるセンテンスとともに比較しながら覚えましょう。

Part 2　30人に聞くスモールトークを乗り切るコツ

　日頃から英語を使っている30人の方にインタビューをし、スモールトークの秘訣やアドバイスを伺いました。スモールトークで苦労した話やユニークな体験談が満載されていますので多くの点で参考になるはずです。
　記事は「スモールトークができるようになったきっかけは？」「おすすめのテーマは？」などのインタビュアーによる質問形式のインタビューと質問形式ではなく項目でまとめたインタビューがあります。
　また、4ページ記事の終わりには、記事内容をできるだけポイントで把握しやすくするため、3つの「シンプルアドバイス」をつけました。

Part 3 ❶ 使えるセンストレーニング

発話力を高めるため、センテンスを瞬間的に言うトレーニングをします。

CD 音声の Track 番号
1トラックに左ページ英語の例文と右ページの
AとBの例文が7セット収録されています。

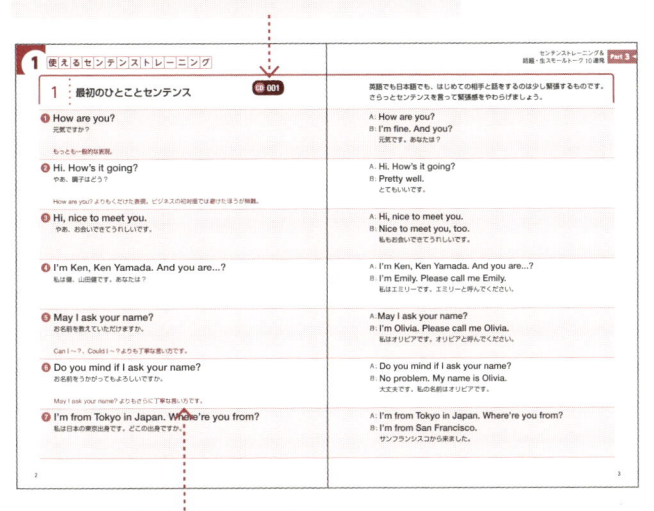

ワンポイント解説
文全体の意味を把握し、どんなときに言うかイメージしやすくするために1行解説がついています。

　CDにはネイティブと話す際に使うと便利なセンテンスが140文 (20項目×7文) とその英文と対になるAもしくはBのセンテンスが以下のように収録されています。

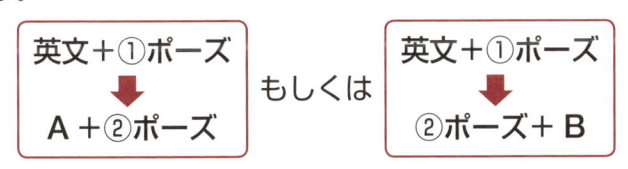

英文＋①ポーズ
↓
A＋②ポーズ

もしくは

英文＋①ポーズ
↓
②ポーズ＋B

　①のポーズの部分で英文を一度リピートし、②のポーズでAとBの英文に合わせて英文を言いましょう。

Part 3 ❷ 使える話題10連発

ネイティブとのスモールトークで、よく出てきそうな話題を10テーマ(ラーメン・大豆食品・お茶・お酒・天気・旅行・オリンピック・ゴルフ・サッカー・テニス)取り上げています。

Aが日本人、Bが日本に旅行に来たネイティブもしくは日本で暮らしているネイティブという設定です。

パワーアップ表現

各テーマについて、知っているとスモールトークに使えそうな表現を集めました。知識としてもストックしておきたいものばかりです。

CD音声のTrack番号

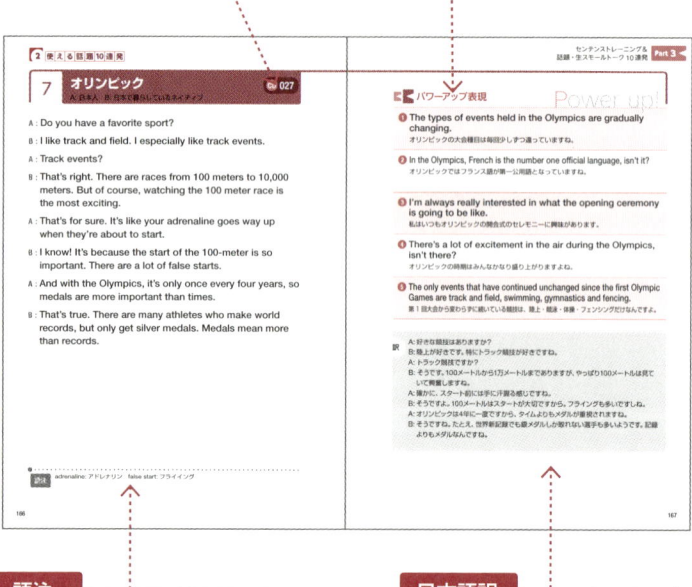

語注

難易度のやや高いものについては語句の意味がつけられています。

日本語訳

直訳ではなく、なるべく自然な日本語にしてあります。

Part 3 ❸ 生スモールトーク10連発

②使える話題 10 連発のうちラーメン・大豆食品・お茶・お酒・天気の5つのテーマでフリートークしたものです。それぞれのテーマで 1. ネイティブ同士、2. ネイティブ＋日本人のふたつのパターンが収録してあります。

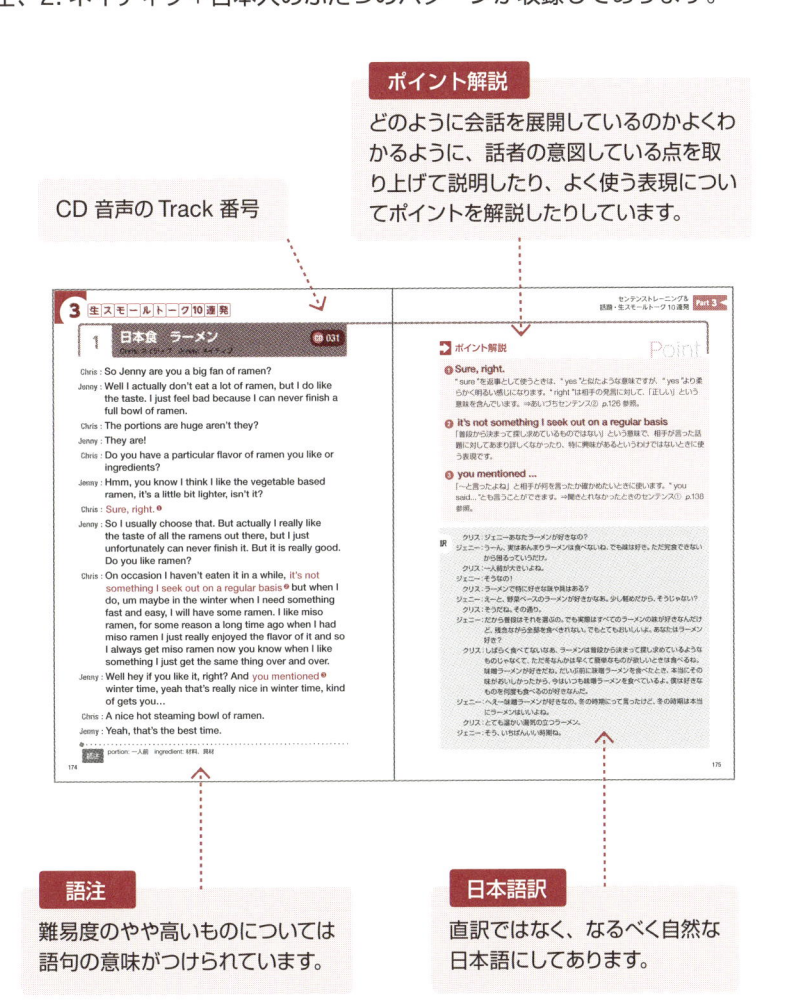

ポイント解説
どのように会話を展開しているのかよくわかるように、話者の意図している点を取り上げて説明したり、よく使う表現についてポイントを解説したりしています。

CD 音声の Track 番号

語注
難易度のやや高いものについては語句の意味がつけられています。

日本語訳
直訳ではなく、なるべく自然な日本語にしてあります。

11

CDトラック表

CD	内容	CD	内容
Track 01	1 最初のひとことセンテンス	Track 21	1 日本食　ラーメン
Track 02	2 会話のきっかけになるセンテンス①	Track 22	2 日本食　大豆食品
Track 03	3 会話のきっかけになるセンテンス②	Track 23	3 日本食　お茶
Track 04	4 話題を振るときのセンテンス	Track 24	4 日本食　お酒
Track 05	5 話題を切り替えるときのセンテンス	Track 25	5 天気
Track 06	6 あいづちセンテンス①	Track 26	6 旅行
Track 07	7 あいづちセンテンス②	Track 27	7 オリンピック
Track 08	8 あいづちセンテンス③	Track 28	8 ゴルフ
Track 09	9 相手を褒めるセンテンス	Track 29	9 サッカー
Track 10	10 日本について話題をするときのセンテンス①	Track 30	10 テニス
Track 11	11 日本について話題をするときのセンテンス②	Track 31	日本食　ラーメン ネイティブ＋ネイティブ
Track 12	12 相手の国のことを話題にするときのセンテンス	Track 32	日本食　ラーメン ネイティブ＋日本人
Track 13	13 聞き取れなかったときのセンテンス①	Track 33	日本食　大豆食品 ネイティブ＋ネイティブ
Track 14	14 聞き取れなかったときのセンテンス②	Track 34	日本食　大豆食品 ネイティブ＋日本人
Track 15	15 言葉に詰まったときのセンテンス	Track 35	日本食　お茶 ネイティブ＋ネイティブ
Track 16	16 しばらく会っていないときのセンテンス	Track 36	日本食　お茶 ネイティブ＋日本人
Track 17	17 天気についてのセンテンス①	Track 37	日本食　お酒 ネイティブ＋ネイティブ
Track 18	18 天気についてのセンテンス②	Track 38	日本食　お酒 ネイティブ＋日本人
Track 19	19 留学したときに使えるセンテンス	Track 39	天気 ネイティブ＋ネイティブ
Track 20	20 締めのあいさつセンテンス	Track 40	天気 ネイティブ＋日本人

Part ①
スモールトークの ストラテジー

ノンネイティブが英語を使って話をするときのコミュニケーション・スキル「コミュニケーション・ストラテジー」を中心に、苦手に感じるスモールトークをラクにするテクニックを探ってみよう。

スモールトークをラクにする
さまざまテクニックを
コミュニケーション・ストラテジー
から探ろう

コスモピア編集部・編

　英語で仕事をする場合、仕事自体の話は、テクニカルタームがわかっていたり、話すべき内容をよく把握していたりすれば何とかなるものです。けれども、ミーティング途中のランチタイムでの軽い雑談や、終わった後のディナーの席で、いろいろと移り変わる話題についていきながら話をするのが苦痛だ、という話をよく聞きます。

　特に英語のネイティブ・スピーカーが複数いる海外の場で、雑談の話の中に入り、話を続けていくのは大変です。スピーキング力以前の問題として、リスニング力や背景知識も要求されるからです。日本語でなら、いくらでも話したいことがあったとしても、英語のノンネイティブの私たちにとっては、聞くのも話すのもハードルが上がるのは仕方がないことでしょう。

　そんなときに、役に立つのが、「コミュニケーション・ストラテジー」です。「コミュニケーション・ストラテジー」とは、ノンネイティブが英語を使って話をするときのコミュニケーション・スキルです。もちろん英語のネイティブに対してだけではなく、最近、機会が増えたノンネイティブ同士が英語で会話する際にも使えるスキルです。

　ここでは、人間関係をしっかり作り、会話をはずませるためのスキルをマスターしましょう。「コミュニケーション・ストラテジー」の基本的なテクニックを押さえた後、そのスキルを状況別に見ていきます。

Part 1 スモールトークのストラテジー

このパートで扱う項目

基本テクニック

❶ 初対面のあいさつをし、名前を告げる
❷ 初対面の相手に興味を持っていることを示し、共通の話題を見つける
❸ Yes / No で答えることができる質問で相手から情報を聞き出す
❹ あいづちを打つ ①
❺ あいづちを打つ ②
❻ 相手の言葉を繰り返す
❼ 言いたい言葉が出てこないとき、どのように沈黙を避けるか
❽ 相手の言っていることがわからなかったとき ①
❾ 相手の言っていることがわからなかったとき ②
❿ 質問をして話に加わる
⓫ 話しやすい話題、話したい話題に変える
⓬ スムーズに話を切り上げる

状況別 スモールトークの切り出し方

❶ ミーティングやセミナーが始まる前に
❷ ミーティング途中の休憩時間に
❸ ミーティングが終わった後で
❹ セミナーやワークショップが終わった後で
❺ ランチタイムに
❻ テレビ会議が始まる前に
❼ 居酒屋で

基本テクニック 1

初対面のあいさつをし、名前を告げる

　短くポイントをしぼって、相手にとって必要な情報を与えられるように、相手の目を見てにっこりしながら自己紹介をしましょう。

例 ● 自分の名前を言って相手の名前を尋ねる

Hi, nice to meet you. I'm Yutaka, Yutaka Kawaguchi. And you are...?
こんにちは。私は裕、川口裕です。あなたは？

● 自分の名前を○○のように言ってほしいと伝える

I'm Makoto Ando. Please call me Mac.
安藤誠です。マックと呼んでください。

● 相手に何と呼べばいいのかを尋ねる

・**What can I call you? / How would you like to be referred to?**　何とお呼びすればいいですか？

会話例 初対面の場合には早めに会話の中に相手の名前を織り込む

A: **Hi, nice to meet you. I'm Yutaka, Yutaka Kawaguchi. And you are...?**
こんにちは。私は裕、川口裕です。あなたは？

B: **Hi, nice to meet you, Yutaka. I'm Cathleen Martin. Please call me Cathy.**
はじめまして、裕。私はキャサリーン・マーティンです。キャシーと呼んでください。

A: **Nice to meet you, Cathy.**
どうぞよろしく、キャシーさん。

スモールトークの
ストラテジー **Part 1**

基本テクニック ❷

初対面の相手に興味を持っていることを示し、共通の話題を見つける

　初対面の人とスモールトークをする場合、相手との共通の話題を素早く見つけることができれば、話をはずませることができます。また、自分が話しやすい話題に上手にシフトしながら積極的に話しかけてみましょう。

> **例**
> - どこから来たのかを尋ねる
>
>   **I came from Tokyo. Where did you come from?**
>   私は東京から来ました。あなたはどちらから来られましたか？
>
> - フライト / 時差ボケについて尋ねる
>
>   **How was your flight? / Do you still have jet lag?**
>   フライトはどうでしたか？ / まだ、時差ボケはありますか？
>
> - 天気について話す
>
>   **What do you think about Japanese weather? / How's the weather in Hanoi?** 日本の天気はどう感じますか？ / ハノイはどうですか？

会話例 共通点を見つけたら、話題をふくらませよう

A: **I came from Tokyo in Japan. Where did you come from?** 私は東京から来ました。あなたはどちらから来られましたか？

B: **From Atlanta.**
アトランタからです。

A: **From Atlanta? I went there about twenty years ago.**
アトランタからですですか。私は20年くらい前に行ったことがありますよ。

B: **Oh, really? Do you still remember it?**
えっ、そうなんですか？ まだアトランタのことを覚えていますか？

A: **Of course! I went the World of Coca-Cola. It was fun.**
もちろんですよ。コカコーラ博物館に行きました。楽しかったですよ。

基本テクニック ❸

Yes / No で答えることができる質問で相手から情報を聞き出す

　相手が答えやすい質問を投げかけて、会話が続くようにしてみましょう。Yes / No で答えることができる疑問文は単純なように思えますが、Yes / No の後の次のひとことが意外に出やすく、会話をスムーズに続けることができます。

> **例** ● Yes / No 疑問文で相手から情報を引き出す
>
> - **Did you have a nice flight?**
>   フライトは快適でしたか？
> - **Is this your first time in Japan?**
>   日本に来られるのは今回が初めてですか？
> - **Did you have a good sleep last night?**
>   昨夜はゆっくり眠れましたか？
> - **Do you have some time for sightseeing during your stay in Nagoya?** 　名古屋に滞在中、観光に行くような時間はありますか？
> - **Was the seminar easy to understand?**
>   セミナーはわかりやすかったですか？
> - **Were you able to come here without losing your way?** 　道に迷わずにここに来ることができましたか？

会話例　Yes / No 疑問文から会話を展開させる

A: **Do you have some time for sightseeing during your stay in Osaka?** 　大阪に滞在中、観光に行くような時間はありますか？

B: **Yes, I'm going to take one day. I'd like to go to Nara and Kyoto. I'm really interested in Buddhist statues.**
はい。1日とっています。奈良と京都に行きたいんです。仏像にすごく興味があって。

A: **Oh, you are? Me, too. You must go to Akishino Temple.** 　へえ、そうですか。私もです。秋篠寺にはぜひ行くべきですよ。

基本テクニック ❹

あいづちを打つ①

英語での会話では、相手の話にあいづちを打ちながら、聞いていますよ、理解していますよ、というシグナルを発信し続けます。あいづちという潤滑油を使うことによって相手は話しやすくなり、会話が進みやすくなります。ですから、相手の話に反応するあいづちのバリエーションは複数持っておいて使い分けましょう。

例

■一般的なあいづち

- **Uh-huh.** そうですか。
- **I see.** なるほど。
- **Yeah.** そうですね。
- **Sure.** そうですね。
- **I think so.** そう思います。
- **That makes sense.** そういうことですか。

■積極的に肯定する

- **Exactly.** 確かに。
- **Definitely.** その通りです。
- **Absolutely.** その通りです。
- **That's true.** 確かにそうです。
- **(That's) Right.** そうですね。
- **(That's) Great.** いいですね。
- **(That's) Cool!** それはいい。
- **Good for you.** よかったね。
- **Sounds nice [good].** いいですね。

■驚いたとき

- **Really?** 本当ですか？
- **Is that so?** 本当ですか？
- **That's incredible.** 信じられない。
- **Are you sure?** 本当に？

■よくないことを聞いたとき

- **That's too bad.** それは残念だ。
- **That's terrible.** それはひどい。

■その他

- **Could be. / Probably.** おそらくね。
- **I guess so.** そうだと思うんですが。
- **I suppose so.** 私はそう思いますが。
- **Not really.** それほどでもないですが。
- **That's what I thought.** やっぱり。

基本テクニック ❺

あいづちを打つ ②

　ここでは、話の流れに沿って、短くあいづちを打つ言い方を扱います。相手の言った文の主語や、be 動詞や代名詞、助動詞を、時制に注意しながら使う方法です。たとえば、<u>We have</u> known each other for 30 years.「私たちは 30 年来の知り合いです」に「そうでしたか」と言いたいときには、下線部に注意して、Have you? または You have? と言うことができます。「私もですよ」と同調する場合にも同様に、So do I. や So did I.、So am I. などと言えます。

　また、「私もしなかった（しない / そうではない）」と否定する場合には、so のかわりに neither を用いて、Neither did [do / am] I. のように用います。

会話例 ❶ You have? の例

A: **I've been here once.**　一度ここに来たことがあります。
B: **You have?**　そうですか。

会話例 ❷ You did? の例

A: **I went there about twenty years ago.**　20 年前そこに行きました。
B: **You did? So did I.**　そうなの？ 私もよ。

会話例 ❸ Did you? の例

A: **I found a really good Japanese restaurant.**
　　すごくいい日本料理のお店を見つけたんだ。
B: **Did you? Where is it?**　そうですか。場所はどこ？

会話例 ❹ So am I. の例

A: **I'm really hungry.**　本当にお腹がすいた。
B: **So am I. Would you like to get some lunch?**　私も。ランチを買いに行きたい？

基本テクニック ❻

相手の言葉を繰り返す

相手の言葉を繰り返すことには、3つのはたらきがあります。
①言葉を繰り返すことで、相手に「ちゃんと聞いていてわかっているよ」と確認させるはたらきがあります。
②答えにくい質問をされたときの時間稼ぎになります。
③相手の言葉を繰り返すとき、語尾を上げることで、「それはどういう意味?」と、相手が言っている意味がわからないことを知らせるシグナルになります。
単に相手の言葉を繰り返すだけという簡単な方法ですが、さまざまな使い方ができるので便利です。会話の中で積極的に活用してみてください。

会話例 ❶ あいづちのかわりに、相手の言葉を繰り返す

A: I found a really good Japanese restaurant.
　すごくいい日本料理のお店を見つけたんだ。

B: A really good Japanese restaurant? Where is it?
　すごくいい和食のお店? どこにあるの?

会話例 ❷ 答えにくい質問をされたときの時間稼ぎに

A: Should we extend the deadline? What do you think?
　締め切りを延ばしたほうがいいのでは? どう思いますか?

B: What do I think? Well... it's a difficult question.
　そうですねえ、難しい質問ですね。

会話例 ❸ 意味がわからないことを知らせる

A: Isn't what he said contrary to the spirit of kaizen? What do you think?
　彼が言ったのは「カイゼン」の精神に反するものではないですか。どう思いますか?

B: Contrary to the spirit of kaizen? What do you mean by that?
　「カイゼン」の精神に反する? 何が言いたいのですか?

基本テクニック ❼

言いたい言葉が出てこないとき、どのように沈黙を避けるか

　言いたいことが言えずに言葉に詰まったとき、日本人はよく「ええと」「何て言うんだっけ」などと、思わず日本語を口に出してしまいがちです。言葉に詰まったとき、英語には、well / uh / um のような filler という沈黙を埋める言葉があります。せっかく英語で話をしようとしているのだから、言葉に詰まっても filler を活用して最後まで英語で言うワザを身につけましょう。

例 ■沈黙を埋める言葉

- well / uh / um / er / hmm　え〜と
- let me see　そうですねえ / let's see　そうですねえ
- you know　ほら
- I mean　つまり
- that is　つまり
- so　それで
- (It's) like...　〜のような
- (It's) kind [sort] of (like)...　まあちょっと、そんなような
- something like that　何と言うか、そんなような

会話例

A: **Why did you lie and say that you didn't see her yesterday?**
　どうしてきのう彼女に会わなかったなんて、ウソ言ったの？

B: **Well, let me see... uh, I mean, you know, like that...**
　ええっと、そのう、つまり、何と言うか……。

A: **Please explain your reason clearly!**
　はっきり理由を言って。

スモールトークの
ストラテジー **Part 1**

基本テクニック ❽

相手の言っていることがわからなかったとき①

　相手の言っていることが理解できない場合に、それを伝える表現を見ていきます。まずは、単純に聞き取れなかったので、もう一度言ってもらいたい場合です。相手の声が小さかったりして聞き取れなかった場合と、速すぎて聞き取れなかった場合に相手にかける言葉もとりあげましょう。

例 ■単純に聞き取れなかったとき

- **Pardon (me)?**　もう一度言ってもらえますか？
- **Excuse me?**　すみません。
- **I beg your pardon?**　もう一度言っていただけますか？
- **What did you say?**　何とおっしゃったんですか？
- **Could you say that again, please?**
  もう一度言っていただけますか？
- **Sorry. I didn't hear you.**　すみません。聞き取れませんでした。
- **I can't hear you. Could you speak a little louder?**
  聞こえませんでした。もう少し大きな声で話していただけますか？
- **Could you say that a little bit more slowly?**
  もう少しゆっくり話していただけませんか？
- **Could you speak more slowly?**
  もっとゆっくり話していただけませんか？

基本テクニック 9

相手の言っていることがわからなかったとき②

　ここでは相手の言っていることの内容がわからなかった場合の言い方と、その一部がわからなかった場合の問いかけの仕方を見ていきましょう。

> 例
> - I didn't understand what you said.
>   おっしゃったことが理解できませんでした。
> - I don't understand what you mean.
>   おっしゃっていることの意味がわかりません。
> - I'm not following you. What do you mean?
>   よくわからないのですが、どういうことですか？

　一部しかわからなかった場合には、聞き取れた単語やフレーズを活用し、元の文を復元しながら、わからなかったところを when / what / where などの疑問詞で置き換えて尋ねましょう。

会話例 1 「何を」(what) がわからなかった場合

A: I tried <u>an eel</u> yesterday.　きのう、ウナギを食べてみました。

B: You tried what?　何を食べてみたの？

会話例 2 「いつ」(when) がわからなかった場合

A: When did you arrive here?　いつ、ここに着いたんですか？

B: I arrived <u>Tuesday evening</u>.　火曜日の夜に着きました。

A: You arrived when?　いつ着いたんですって？

スモールトークの
ストラテジー **Part 1**

基本テクニック ❿

質問をして話に加わる

　初対面の人とスモールトークをする場合、ささいなことであっても相手との共通の話題を素早く見つけることができれば、話をはずませることができます。

　ただし、下記のような質問を、次々に尋問するように問いかけることは好ましいとは言えません。質問は会話のきっかけです。関連のない質問を次々に尋問調に浴びせるのではなく、相手の答えの中から会話を進め、深められるといいですね。

例

- **出身地を尋ねる**
  Where are you come from? ご出身はどちらですか？

- **どこから来たのかを尋ねる**
  Where did you come from? どちらから来られたんですか？

- **今日は様子の尋ねる**
  How was your day? 今日はどうでしたか？

- **日本についての感想を尋ねる**
  How do you like Japan? 日本はどうですか？

- **週末の様子を尋ねる**
  How was your weekend? 週末はどうでしたか？

- **興味を持っていることを尋ねる**
  What are you into lately? 最近、何にハマってますか？

- **ある状況に置かれたときどうするかを尋ねる**
  What do you do when you're stressed out?
  ストレスを発散したいときにはどうしますか？

- **気に入った理由を尋ねる**
  What do you like about it? どこがそんなにいいのですか？

- **ある経験について尋ねる**
  Have you heard about it? それについて聞いたことがありますか？

- **具体的な例をあげてほしいと言う**
  Like what? たとえばどんなふうに？

基本テクニック ⓫

話しやすい話題、話したい話題に変える

　自分に興味のないスモールトークが続き、口をはさめない状態が続いたら、思い切って話題を変更しましょう。そのときの切り出しになる表現を紹介しましょう。

> **例** ● 自然に話題の変更を切り出す表現
> - Oh, by the way,... そうそう、ところで……
> - That reminds me of something. それで思い出したんだけど。
> - Speaking of which, ... そう言えば……
>
> ● 自分がついていける話題にシフトする
> - You said, ... ……だっておっしゃいましたね
>
> ● 話題を変更するよ、と軽く切り出す表現
> - Do you mind if I change the subject?
>   話題を変えてもいいですか？
> - Not to change the subject, but...
>   話題を変えたいわけではないんだけれども……

会話例 ①

A: I was really impressed by the presentations on leadership. リーダーシップについてのプレゼンテーションは実に面白かった。

B: Me, too. That reminds me of something — did you see Michelle's speech yesterday? 私もそう思いました。それで思い出したんだけど、きのうミシェルのスピーチは聞きましたか？

会話例 ② ついていける話題にシフトする

A: You said, you went to the morning meeting. How was it? 朝のミーティングに出たと言いましたね。どうでした？

B: It was really good. We talked about our latest project. とてもよかったですよ。最新のプロジェクトについて話しました。

スモールトークの
ストラテジー **Part 1**

基本テクニック ⓬

スムーズに話を切り上げる

　スモールトークを切り上げるときには、(1) 次の約束の時間がきたので、立ち去らなければならない、(2) パーティーなどでそろそろ別の人と話したいのでその場での話を切り上げる、(3) 電車で降りる駅に着いた、などさまざまなケースがあります。ケース・バイ・ケースで対応できるように、表現をストックして、スムーズに話を切り上げられるようにしましょう。

> **例** ● 後にアポイントがあって切り上げなければならない場合
>
> **I'm sorry, I have an appointment at three, so I have to go now. Nice talking to you.**
> ごめんなさい。3時に約束があるので、行かなくてはならないんです。お話しできてよかったです。
>
> ● 仕事に戻らなければならない場合
>
> **I'd like to talk to you about this more, but I'd better be getting back to work.**
> もっとお話ししていたいのですが、そろそろ仕事に戻ったほうがよさそうです。
>
> ● 上記に追加して言うことができる万能の切り札
>
> **It was [It's been really] nice talking with you. I hope we meet again soon.**
> あなたとお話しできてよかったです。またお目にかかる機会があれば、と思います。
>
> ● バイキング形式のパーティー会場で、別の人とも話したい場合、食べ物あるいは飲み物を取りに行くのを機に、話を切り上げる
>
> **I'm going to get some food now. Nice talking to you. See you later.**
> 食事を取りに行ってきます。お話しできてよかったです。ではまた。
>
> ● 駅に着いて降りる前に
>
> **Oh, this is my station. Thanks for the nice conversation.**　あっ、駅に着いた。お話、楽しかったです。

状況別 スモールトークの切り出し方 ①

ミーティングやセミナーが始まる前に

　ミーティングやセミナーが始まる前に、隣や前後の席に座った人と、ちょっと話す機会があるかもしれません。そのようなときには、参加するミーティングやセミナーに関連する話題が話しやすいしょう。

会話例 ① 社内ミーティングの前に同僚と

A: **Have you read the material for the meeting?**
ミーティングの資料読んだ？

B: **About half of it. How about you?** 半分くらいかな。君は？

会話例 ② セミナーで、隣の席に座った初対面の人と

A: **Unexpectedly, there are a lot of people attending.**
意外に出席者が多いですねえ。

B: **Yeah. I didn't think there would be so many people. By the way, where are you from? I are from Nara.** ええ。こんなに多いとは思いませんでしたね。 ところでどちらから？ 私は奈良からです。

A: **Oh, from Nara? I came from Seoul. Speaking of Nara, do you know Kazuhiro Suzuki at the Nara Institute?**
奈良からですか。私はソウルから来ました。奈良と言えば、奈良研究所の鈴木一浩さんをご存じないですか？

会話例 ③ ミーティングルームやセミナールームで隣の人と

A: **Excuse me. Is it a little cold in this room?**
すみません。この部屋、ちょっと寒くないですか？

B: **The air conditioning seems to be too strong.**
空調がちょっと効きすぎているようですね。

A: **I'll go and ask a staff person to raise the temperature.** 係の人にエアコンの温度を上げるように言ってきましょう。

スモールトークの
ストラテジー Part 1

状況別 スモールトークの切り出し方 ❷

ミーティング途中の休憩時間に

　ミーティングの休憩中のスモールトークは、通常、ミーティングに関するもの、休憩時間の過ごし方などが話しやすい話題でしょう。

会話例 社外でのハードなミーティングの休憩タイムで

A: **You look tired.** 　お疲れのようですね。

B: **Yeah, I am. The meeting is going to continue for two more hours. I'd like to have a coffee.**
ええ、ほんとに。ミーティングはあと2時間続くんですよね。コーヒーでも一杯飲みたいな。

A: **There's a coffee stand on the first floor. I want to have some coffee, too. Why don't we go together?**
1階にコーヒースタンドがありますよ。私も飲みたいので一緒に行きましょう。

状況別 スモールトークの切り出し方 ❸

ミーティングが終わった後で

　ミーティングが終わった後は、We made more progress than I expected.（意外に先に進んだね）、Gee. Now I have more work.（あ〜あ、仕事が増えた）、Nothing was decided.（何も決まらなかった）などと感想を言ってみましょう。

会話例 ミーティングの感想を言う

A: **Well, we've finished at last. I'm so tired.**
やっと終わった。疲れたなあ。

B: **But we made more progress than I expected.**
でも意外に先に進んだね

A: **That's true. But it seems like we'll have more work from now on.** 　そうだね。でも、これから仕事が増えそうだ。

状況別 スモールトークの切り出し方 ❹

セミナーやワークショップが終わった後で

　社外でのセミナーやワークショップが終わった後は、三々五々に帰社するか、帰宅の途に着くことが多いでしょう。What are you going to do after this?（この後どうするんですか？）と聞いて、一緒にどこかに行く人もいるかもしれません。

　さっさとひとりで帰らずに、Which station are you going to?（どちらの駅に行くのですか？）などと交通機関を聞いて途中まで一緒に行くなどすれば、思わぬ情報を得たり、交遊が広がるきっかけになるかもしれません。

　最後は、Have a nice evening. See you.（お疲れさまでした。ではまた）などと言って別れましょう。

会話例　同じ方向に一緒に歩きながら

A: **Which station are you going to?**　どちらの駅ですか？

B: **I'm going to JR Iidabashi Station.**　JRの飯田橋駅です。

A: **Me, too. I take the JR train and change trains [transfer] at Ichigaya Station.**
私もです。JRに乗って市ヶ谷駅で乗り換えます。

B: **I'm heading for Ochanomizu.**　私はお茶の水方面です。

A: **I see. By the way, what did you think of today's seminar?**　ところで、今日のセミナーはどうでしたか？

B: **I was interested in second speaker, Mr. Smoley's presentation. His explanation was really specific and persuasive. The other presentations did not have any particularly new information, so I didn't think they were very good.**
２番目のスモーレイさんのプレゼンはよかったですね。彼の説明はとても具体的で説得力がありました。あとのは特に新しい情報はなく、イマイチだったと思います。

状況別 スモールトークの切り出し方 ⑤

ランチタイムに

最近、見つけた気のきいた店、おいしい食べ物など、楽しい話題でランチタイムを楽しみましょう。

会話例 新規開店したお店がおいしい

A: **Have you been to the new ramen shop near the station?** 駅の近くに新しくできたラーメン屋、行った？

B: **I don't know about that ramen shop. Is it good?**
そんなラーメン屋知らないよ。おいしいの？

A: **The ramen with a whitish chicken-bone soup is incredibly delicious.** 鶏白湯ラーメンがむちゃおいしいよ。

B: **That sounds good. I really want to try it. Shall we go there together next time?**
それはいいね。とても食べてみたいな。次、一緒に行こうよ。

状況別 スモールトークの切り出し方 ⑥

テレビ会議が始まる前に

テレビ会議も最初は天気の話題など、リラックスした会話で始まるもの。

会話例 テレビの画面が映ったら

A: **Hi, everyone. How are you today? It is very cold and windy here in Tokyo. How about in Seattle?** こんにちは、みなさん。元気ですか？ 東京はとても寒くて風が強いけど、シアトルはどうですか？

B: **Hi, Atsushi. You look well. Here there's a blizzard outside.** こんにちは。アツシ。元気そうだね。シアトルじゃ表はブリザードだ。

A: **Really? That sounds bad. Is the transportation system okay?** ほんとに？ まずいね。交通機関は大丈夫なの？

状況別 スモールトークの切り出し方 ❼

居酒屋で

海外から来たお客さんを居酒屋に連れて行き、「お通し」について説明します。

海外にない習慣などを説明するときに、「これは日本の独特なシステム (unique Japanese [izakaya] system) です」とか「これは日本式の～です」(... is a Japanese-style ～) などと言って、相手が知っているか理解できると思われる類似のものに例えて説明するテクニックを身につけておくと便利です。

たとえば、「風呂敷」は A furoshiki is a Japanese-style wrapping cloth. It's like a big handkerchief. などと言えば理解してもらえるでしょう。

会話例　「お通し」を説明する

A: **We haven't ordered yet, have we? Why did they bring these dishes?**
まだ、私たち、注文していませんよね。なぜ、この食べ物が出てきたんですか？

B: **Well, this is system, a unique Japanese izakaya sysem, Otoshi. Almost all izakayas serve otoshi. It's a kind of appetizer. They serve it in exchange for a table charge for each person.**
そうですねえ、これは日本の居酒屋独特のお通しというシステムなんですね。たいていの居酒屋はお通しを出しますよ。一種の前菜ですね。ひとりひとりにテーブルチャージを要求するかわりに、前菜のようなものを出すんです。

A: **You mean these are not free, don't you?**
つまり、ただではないのですね。

B: **That's right. They aren't free.**　その通り。ただではありません。

A: **Do they serve the same thing for everyone?**
全員に同じものを出すんですね。

B: **Yes.**　そうですね。

A: **I think it's a curious system.**　変なシステムだと思いますね。

B: **Do you? I don't think that it's strange. For me, tipping is a more troublesome system.**
そうですか？　私は変は思いませんが。チップのほうが面倒くさいですよ。

Part 2

30人に聞く
スモールトークを
乗り切るコツ

日頃から英語を使っている30人の方に、スモールトークの秘訣やアドバイスを伺いました。スモールトークで苦労した話やユニークな体験談には、多くの点で参考になるところがあるはず。

30人に聞く スモールトークを乗り切るコツ ①

世界の人々がよろこびそうなツボをおさえて話をしよう

安河内哲也

東進ハイスクール・東進ビジネススクールのネットワーク、各種教育関連機関での講演活動を通じて実用英語教育の普及活動をしている。TOEIC スコア 1390 点満点 (LR+SW)。ベストセラービジネス書(『350万人が学んだ人気講師の勉強の手帳』(あさ出版)など)、および参考書を多数執筆。

▌英語は使わなければ話せるようにはならない

—— スピーキングの学習歴を教えてください。留学の経験はありますか？

　大学時代、留学にはすごくあこがれていました。でも、留学することができなかったので、スピーキングはキャンパスにいる宣教師の方、そして外国人留学生を相手に会話の練習をしました。

　大学を卒業して大学受験予備校で講師として英語を教え始めてからは、仕事でまったく英語を話す機会がなかったんです。そのころのことを自分で暗黒の15年間と呼んでいますが、私のスピーキング力は停滞してどんどん話せなくなっていきました。その後これではいけないと思い、予備校でも半分くらいは英語で授業をするようになりました。生徒も先生が英語で授業することを期待していますし、自分のスピーキング力を落とさないことにもなりますので。

　それともうひとつ私のターニングポイントになったことがあります。3年前からアメリカのスピーキングテストの開発に関わっているので、年に3、4回ロサンゼルスで缶詰め状態になります。私はそのステークホルダー（利害関係者）なので、必死に会議を何日もやるわけです。朝から晩まで一日中さまざまな国の人と意見を言い合っています。それがすごくスピーキング力につながっています。そして、スモールトークにも。今では自称スモールトークの達人です（笑）。

▌とにかくまずは相手のことをほめよう

—— どんな風にスモールトークをするんですか？

　まず、テーマはとても大切で、あたりさわりのないところから話すことですね。私はだいたいスポーツ、映画、音楽などから入ります。例えば韓国人と話

すときには、I'm a big fan of Korean movies and Korean TV drama and also listen to K-pop. I only listen to very popular songs, and I only watch very popular movies. The first movie I saw was *Shiri*. Did you see that movie?（韓国映画とドラマの大ファンでKポップも聞きます。人気のある曲と映画を聞いたり見たりするだけですが。初めて見た映画は『シュリ』です。その映画見ましたか？）のような感じです。そして、That was a wonderful movie. Then I started watching Korean movies and a recent one I saw was...（それはすばらしい映画でした。それで韓国映画を見始めました。最近見たのは……）のように続けます。そして、Have you ever seen Japanese movies? The one Japanese movie I recommend is this. Have you ever seen this? Oh, no? You should.（日本映画を見たことはありますか。おすすめの日本映画はこれです。見たことありますか。えっ、ない？見たほうがいいよ。）みたいな感じですね。

　よくスモールトークで日本のことを紹介しようと言われるけど、まずは相手のことを話したほうが話が進みやすいと思います。

　例えば、アラブの人と話すときにはOh, you're from Iraq. I hear there's a wonderful museum in Baghdad. Have you ever been to that museum? I want to visit Iraq someday to go to the historic remains there. You have a wonderful history. One of the oldest civilization started in Iraq between those rivers. Right?（イラクからいらしたんですね。バグダッドにすばらしい博物館があるって聞いたんですが、その博物館に行ったことありますか？ いつかイラクに行き、そこの歴史遺産を訪ねたいです。あなたの国はすばらしい歴史を持っていますね。もっとも古い文明のひとつがそれらの川の間で始まったんですよね）とか。相手の国の歴史を話してからさらに続けます。It's interesting you have a long history. But also our country has a very long history. An interesting point about our culture is that our culture was separate from the continent. So our culture is quite original, quite different from Chinese culture. You have continent culture, but your culture started in the continent. Our culture started outside the continent. Ok, let's talk about the differences between those cultures.（あなたの国に長い歴史があることは興味深いですね。私たちの国にも長い歴史があります。私たちの文化は大陸とは離れているところが興味深

く、オリジナルで、中国の文化と違います。あなたの国は大陸の文化を持っていて大陸のなかで始まったものです。私たちの文化は大陸の外で始まったものです。さあ、それらの文化の違いについて話しましょう）

このように、相手のことと自分のことを交互に話します。相手の文化について興味を示さないで、**Japanese Kabuki** のばかり話しても相手はひいてしまいますから。

日本人がよく勘違いしていることがあります。世界の人々はみな日本の文化についてあこがれていると思い込んでいることです。全然そんなことはないです。メディアの影響もありますが、すごいと思っている人もいればそうでもない人もいます。特別に日本がすごいと思っている人は世界のごく一部の人だけです。特に海外で話す場合はいきなり日本文化から話し始めるのはおかしいですね。だから相手の文化と自分の文化と交互に話すことが大切だと思います。そして、世界の人々がそれぞれ喜びそうなツボをおさえて話をしていくといいと思います。

—— **ストックしておくとよいおすすめの話題はありますか？**

相手側の近代史ではない昔の文化についてストックしておきます。例えば相手が韓国人なら世宗（セジョン）大王ってすごいよなとか。**Do you know people in the world think that Hangul has the most scientific letters the human beings created. They were by King Sejong, right? Oh, he was a great guy. He was a ruler, but I think he was a scientist.**（ハングルは人類が創造したもっとも科学的な文字世界だと世界の人々に思われているんですよ。ハングルは世宗によるものでしょう？ 彼はすばらしい人でした。彼は支配者だが科学者だったと思います）とか言うと相手も喜びます。**I speak Korean. The letters are quite simple and easy to learn. That's very good to spread the language all around the world. I think that's one of the reasons why people learn Korean. Actually the population of learning Korean, the number is the same as the people that learn Japanese. On the other hand, we have three letters Hiragana, Katakana, and Kanji (Chinese Characters). It's very difficult to learn. But in some aspects our language is more efficient than other languages.**（私は韓国語を話します。文字はシンプルで学びやすいです。世界にことばを広めるのにとてもい

いですね。韓国語を習う人の理由になっていると思います。実際には、韓国語を習う人の数は日本語を習う人の数と同じです。一方で、私たちは3つの文字、ひらがな、カタカナ、漢字（中国の文字）を持っています。習うのがとても難しいですが、ある面ではほかの言語よりも効率がいいです）みたいに、長所と短所を比較して言うと話が進んでいきますよ。

相手が中国の方だったら、**I'll have Chinese food. I can't live without Chinese food. There are many Chinese restaurants in Japan, and many Chinese people are working in those restaurants. I love Chinese food. My wife and I go to a Chinese restaurant almost every week. I especially love Kung Pao Chicken.**（中華料理を食べます。中華料理なしでは生きていけません。日本には多くの中華料理のレストランがあり、多くの中国人がそのレストランで働いています。私は中華料理が大好きです。妻と私はほぼ毎週中華料理のレストランに行きます。私は特に鶏肉とカシューナッツの炒めものが好きです）とか言って相手の文化をほめることが多いです。どの国の人も自分が誇りに思っていることがあるので、どの国の人が何を喜ぶかをしっかりとおさえておくとよいと思います。

—— **鉄板ネタ・ジョークなどは？**

自分の外見を笑いに変えるようなことはよくします。例えば、**Do you know what country I'm from? Guess. I look like Jackie Chan. I'm not from Hong kong, I'm not from China. I'm from Japan!**（私がどこの国の出身かわかりますか。ジャッキー・チェンに似ています。私は香港出身ではありません。中国出身ではありません。日本出身です）みたいな感じ。**You know my mother was a geisha, my father was a Samurai. I am a Ninja!**（私のお母さんは芸者でした、私のお父さんは侍でした。私は忍者です！）みたいなジョークも。自虐ネタです（笑）。

シンプルアドバイス
1. 相手のことと自分のことを交互に話す。
2. どの国の人が何を喜ぶかをしっかりとおさえておく。
3. ジョークや自虐ネタで笑いをとる。

Interview

30人に聞く　スモールトークを乗り切るコツ ②

ただの丸暗記ではなく、自分の英語を作ろう

柴田真一（NHK ラジオ「入門ビジネス英語」講師）

目白大学外国語学部英米語学科長、教授。上智大学外国語学部ドイツ語学科卒、ロンドン大学大学院経営学修士（MBA）。専門は国際ビジネスコミュニケーション論。主な著書に『10 億人に通じる！やさしいビジネス英会話』（NHK 出版）、『アジアの英語』（コスモピア）などがある。

▍まず自分の国のことをよく知ること

――― スモールトークに自信が持てるようになったきっかけはありますか？

　私の場合、相手の国よりも自分の国のことを学ぶようにしたことが大きな転機となっている気がします。以前、私は銀行の業務のため海外のお客様と接していたので、まずはそのお客様の国のことについていろいろと調べることをしていました。そのころはお客様によく知っているなと思われたかったのです。一方で日本のことはあまり気にしていませんでした。あるパーティーでイタリア人と話をしたときにイタリアのことを聞くと、その方はものすごくビビッドにイタリアのことを話してくれました。私はと言えば、日本のことを聞かれてもあまり答えられず、かなり気まずい思いをしましたね。そのときに、まずは自国のことを知るほうが外国について知ることよりも優先順位が高いのではないかと感じました。それからは、相手に聞かれたときに日本のことを言えるようにかなりストックしておくようにしました。そうすることでスモールトークで自分のことを自信をもって話せるようになっていったように思います。

――― どんなテーマでスモールトークをすることが多いですか？

　日本人相手のときと同じように、仕事の話題が多いです。特に海外では転職する人が多いですから、その人の仕事の内容やキャリアについて聞くと、何かしらのつながりが見つかったり話題ができたりします。職業、出身、その国のこと、職場のことなどで相手との共通項をなんとか見つけ出します。

　そして今は特に日本食ブームですので、日本食の話題は話しやすいです。日本食に対する関心は年々高まりつつあります。20 年くらい前までは生魚を食べることを馬鹿にされたり、鉄板焼きだったら食べるけどというくらいの反応

でしたが、今では寿司はもちろんラーメン、日本酒などさまざまな日本食が人気です。私は特にアルコールのことを話しますね。日本酒のことを知っている人は多いけれども焼酎のことは知らない人が多いので、芋、麦など風味（**flavor**）の話で盛り上がります。相手がワインのことを話し、こちらが日本酒、焼酎について話すことも多いです。そして女性はスイーツです。抹茶アイス、どら焼きなどが話によく出ることがあります。

個人の信条に踏み込まないように注意が必要

──国、政治、男女などの要素で選ぶのに気をつけている話題はありますか？

民族感情に関わることについては配慮しています。例えばイギリスからアイルランドに行ったときは、過去の歴史を考慮に入れて、イギリスのことを褒め過ぎないように気を遣っています。一般的に、政治の話題はタブーと言われていますが、例えばEU離脱の話題などもしてはいけないということではありません。注意したいのは話すときに、「〜はひどいよね」「〜は間違っているよね」など自分の価値判断で言うのではなく、あくまで客観的な事実を言うところまでに留めます。相手がどう思っているかを配慮し相手を尊重しながら話すことが必要で、これは英語のネイティブ・ノンネイティブに関係なく国際的に常識的な考え方ですね。

男女については、スポーツの話をするときに気をつけています。男性だとサッカーの話は盛り上がることが多いですが、女性にサッカーの話をしてもそこまで話が弾まないことが多いので。ただ、男女を問わずどんなスポーツが好きかは個人差があるので、相手がどんなスポーツに興味を持っているかをまず知ってから話題にするようにしています。

聞きとった単語をだめもとでもとりあえず言ってみる

──ネイティブ同士の話題についていけないときはどうしますか？

昔は黙ってにこにこしてたんですけど（笑）、これではまずいなと思い聞こえてきたキーワードになりそうな単語を Are you talking about...？（〜について話しているの？）ととりあえず聞いてみるようにしました。聞き取った単語をだめもとでいいからとりあえず言ってみるのです。

私にももちろん失敗談があります。銀行員をしているころイギリスのある立

食パーティーに行ったときのことです。そのころはなんとしてでも人脈を広げなければとアグレッシブに話しかけていました。ある外国人同士の会話に「シェイクスピア」という言葉が聞こえてきました。そこで私は、「せっかくイギリスに来たのだから『シェイクスピア』の演劇を見たいと思っているんだよ」とまあ心にもないことを言って会話に入っていくと、彼らから今「シェイクスピア」というパブの話をしていると答えられたのです。とんちんかん過ぎて顔から火が出る思いでした。でも、そのときは相手もやさしく教えてくれました。たいていの人は答えてくれます。なので失敗を恐れず、たとえ質問がずれてしまってもどんどん言ってみるとよいと思います。

—— 自分が入っていけない話題になったときはどうしますか？

とりあえず聞き役になるとよいと思います。無理に入っていこうとはしないですね。話を聞いていて何かしらのつながりを見つけて話せることを探すようにします。例えば、自分の興味のない映画の話が続いている場合は、その映画に関連していることを見つけます。そして例えば **That reminds me of the movie I saw last week.**（それで先週見た映画を思い出したんだけど）などといって、話を別の自分の興味のある映画にもっていき話題を変えることもあります。そのとき **By the way** や **Anyway**（とにかく）などを使うと直接的すぎるので、**That reminds me of... .**（それで〜を思い出したんだけど）というフレーズをよく使います。

自分の体験談や経験談を具体的に入れていく

—— スモールトークをする上で何か心がけていることはありますか？

自分の体験談や経験談を入れていくことを常に意識しています。例えば、ビジネス面でよく日本の会社のシステムや転職について話題になることがあります。そのときに、外国の方はこれまでの日本の終身雇用についてよく知っていますが、最近の状況について知っている方はあまり多くありません。3年間で3人にひとりが会社を辞めるという事実を話題にし、例として自分の知り合いのことを具体的に挙げたときは話が弾みました。これはほんの一例ですが、具体的な例を挙げることによって話の中身が新聞やネットの情報を超え、そこに付加価値が出てくるのだと思います。

―― ご自身の体験談などノートに書き出しておくことはありますか？

　自分の体験談については特にノートに書き出してはいませんね。記憶をたどってその場でアドリブで話すことが多いです。ただ、スモールトークに慣れるまではノートに書いてみるのもいいと思います。

　私の場合ノートに書き出すのは、言い回しや表現のしかたなど知らないと話ができない単語やフレーズですね。

日本について話せるようにストックをしておく

―― 日本人はどうしたら英語でスモールトークができるようになるでしょうか。

　スモールトークは相手がいることですので、モノローグのように決まったネタを用意しておくというよりも、ある話題について話が進みそうになったときに何か答えられるようにしておくという姿勢が大切だと思います。

　自分だったら英語でどう説明するかを常に考え、それをストックしておきます。私は『英語で語るニッポン』（コスモピア）を大学のゼミで使っていますが、日本について何かを説明することになった場合これがとても役に立ちます。ただの丸暗記ではなく、自分のことばとして簡単に書き直し、ストックしておくのです。この本のなかには「豆腐」「神輿」「浅草寺」「相撲」などさまざまな日本を紹介することばが載っています。スモールトークで日本のある話題になったときにどう説明するかを考えるのにとても参考になります。

　以前は私自身も自分なりの英語を作るために、そういうストックをたくさんためるようにしていました。そうすることで、スモールトークの際にも使えて雑談力がつくと思います。

『英語で語るニッポン』
コスモピア編集部 編
本体 1,800 円

シンプルアドバイス
1 自分の国についてよく知る。
2 具体的な例を挙げることで話に付加価値を出す。
3 自分だったら英語でどう説明するかを常に考える。

30人に聞く スモールトークを乗り切るコツ 3

時事ネタやジョークの スモールトークに慣れよう

布留川 勝
(グローバル・エデュケーションアンドトレーニング・コンサルタンツ(株)代表取締役。)
「グローバル&自立型人材育成」をミッションとし、企業向け人材育成プログラムの企画・開発・コーディネートを手掛けている。

▌欧米のエリートのなかには雑談のプロのような人がいる

—— スモールトークがこなせるようになった大きなきっかけはありますか？

　十分にこなせているかといえば、まだそんなことはないのですが、きっかけは30代のころでした。そのころアメリカで仕事をするようになったのですが、いっしょにいて楽しい人とつまらない人がいるなとふと考えたときに、なんでそうなのかと思ったら、いっしょにいて楽しい人はとにかく話題が豊富でしたね。欧米のエリートのなかには雑談のプロのような人がたくさんいて、いい雰囲気で他愛もないことを話すのがうまいんです。それを見て、これは私もできなければいけないなと思い始めました。そのときに欧米にはスモールトークという文化があるのを知りました。そして、初めは天気や趣味などの話をする初歩的なレベルのものから、だんだんとより高度な時事的な話題なども話せるようになっていきました。

▌テーマは相手に合わせて気楽に話せることを選ぶ

—— スモールトークをするときによく選ぶテーマは？

　テーマについてはあまり意識していないです。その人と会ったときに緊張しないで気楽に話せることを選んでいますかね。相手がファミリー志向の人なのか、仕事志向の人なのか、ライフスタイルによって話すことも違いますし。ライフスタイルはその人が着ているものや持っているものでわかります。おそらくそういうものを総合判断しながら何を話そうかその場で決めているのだと思います。

Part 2 30人に聞く スモールトークを乗り切るコツ

―― 選ぶのに気をつけている話題はありますか？

　　国や宗教のことは相手の信条に関わってきますのでスモールトークではしないのが常識です。もちろん、相手を傷つけないように配慮しながら相手の国の食べものなどについて話しますよ。話しているうちに自然と話題が国の話になって、なかには敢えて日本の国のことを批判する人もいたり、かなり意見を求められることもあるけれど、その反論をスモールトークのなかでするかどうかは微妙なところですね。

　　年齢の話もあまりしません。男性同士でも話している内容に関係ないかぎり相手の年齢はあまり気にしませんね。人によっては結婚しているのかなど平気で聞く人もいますし、すべての人が常識を守っているかといったらそうでないところもあると思います。

―― ストックしている話題はありますか？

　　私の場合はストックしておくということがあまりないんです。よく鉄板ネタみたいなものをためている人もいるようですが、会うたびにまた同じ話をしているとあまり思われたくないので。結構自分の性格もあり周到に準備してということはなく話してますね。

―― では、話題に困ったときはどうされますか？

　　日本人同士でも同じですが、困ったときは、相手が話したそうなこと、喜ぶ話題を振るのがいいですよね。例えばその人に自慢の息子や娘がいたら**How's your son/daughter?**（息子さん／娘さんは元気ですか？）や、仲のいい夫婦だったら**How's your husband/wife?**（ご主人／奥さんは元気ですか？）とか切り出しますかね。相手はきっと話したがっているでしょうから。その際には、あいづちをいろんなバリエーションですることも大切です。できるだけ相手に話を振って話してもらい聞き役になるのもいいのではないかと思っています。

―― ネイティブ同士が話し始めたり、話題の内容がわからなくて話について行けなくなったときはどうしますか？

　　ネイティブ同士の会話が聞き取れないときはよくあります。私は日本で勉

強したので帰国子女の方に比べたらそういうことも多いです。わからなくても差し支えないときは放っておきますけど、わかっていないと支障が出てしまう場合には、躊躇せずに **Would you rephrase it?**（違う言い方で言ってもらえますか？）とか **Could you speak more slowly?**（もう少しゆっくり言っていただけますか？）とはっきりとお願いするようにしています。

ビジネスではハイレベルなスモールトークが展開される

―― ビジネスでのスモールトークについては何か特徴がありますか？

　ビジネスでは教養レベルが高い人が多いので、ハイレベルなスモールトークが展開されることもしばしばです。例えば、ある事件について **CNN** を見て自分なりの分析をしたんだけどどう思うかと話を振られたり、**Financial Times**、**Wall Street Journal**、**Nikkei** など業界紙の見解を比べ分析したことについて相手に話をされ、意見を求められたりすることもあります。特に欧米では、自分自身がどういう考え方をしている人間であるかを雄弁に語り、自分を常にアピールする姿勢を持っている人が多いのです。意見を持っていない人イコール知らない人、能力のない人というダイレクトな考え方なので。スモールトークによって相手の価値観や考え方などをお互いに確かめると同時に、教養レベルも計られるのです。そういったときのためにも、ビジネスパーソンとしては当たり前のことですが、必ず日々のニュースの単語や言い回しをチェックし自分の意見を言えるようにしています。

スモールトークでジョークを披露する

―― スモールトークで使うジョークなどはありますか？

　欧米では、スモールトークで **Do you know this joke?**（このジョーク知ってる？）**Have you ever heard this?**（これを聞いたことがある？）といってジョークを披露する習慣のようなものがあります。これは非常にハードルが高いです。大事なところで噛んだらおもしろくなくなりますし。

　ジョークをストックして持っている方も多いのですが、私もひとつだけ持っています。病院の待合室での話なんですが、お年寄りがたくさん待合室にいて、「今日○○さんが来ていないね」というとその中の誰かが「今日病気だよ」と

答えるというもの。説明すると野暮ですが、病気でもないのに病院に来ているお年寄りが多いという話です。英語にするとこんな感じになります。

There is a hospital where a group of elderly people meet up and talk everyday while waiting for doctor. They loved gathering there, and they would talk for three to four hours. One day, one of them asked, "Why is Mr. Suzuki not here today?" One of them answered, "Oh, he is sick."

（ひとつの病院があります。そこには医者を待っている間に、毎日集まって話をするお年寄りのグループがいます。彼らはそこに集まるのが好きで3、4時間話をします。ある日、彼らの中のひとりが尋ねました。「鈴木さんは今日なぜいないんだろう。」彼らの中のひとりが答えました。「ああ、彼は病気だよ。」）

これは雑談をしているときにジョークの話になって、日本のジョークは何かないのかと振られたときに瞬間的に話しました。そうしたらそのときにかなりウケて、それから自分の引き出しに入っています（笑）。

シンプルアドバイス

1. いっしょにいて楽しいと思われる人を目指す。
2. ビジネスの業界紙を毎日読んでスモールトークにも活かす。
3. 自分だけのジョークをストックして余裕をもって披露する。

30人に聞く スモールトークを乗り切るコツ ④

スピーキングにオールマイティに効く 5行エッセイを書いてみよう！

青野仲達（ビジネス・ブレークスルー大学経営学部教授）

大学卒業後、外資系金融企業を経て、ハーバード大学経営大学院にてMBAを取得。株式会社GABA（Gaba マンツーマン英会話）設立者。現在は、大学の授業や企業の研修を通じて、グローバル時代を生き抜くための英語習得法を指導している。近著に『ハーバード式ロジカル英語』（秀和システム）など。

▌マニュアルからではなく自分の興味から話題を作る

スモールトークに強くなるために構える必要はない！

　世の中には人とのコミュニケーションを円滑にするための指南書が出回っていて、「ネクタイを褒めるといい」とか「天気の話をするといい」などと書かれていますが、アメリカ人に **It's 83 today. Pretty hot.** と言われても、日本とは摂氏と華氏で温度の単位が異なるので「華氏83度」がどれだけ暑いのか、本当はピンとこないと思うんです。私もそれでも **Oh, really? 83?** なんてリアクションしたりもしますが、実際のスモールトークって、こういうマニュアルに書いてある以上のことが必要になってくると思うんですね。仮にテクニックで間が持ったとしても、それに何の意味があるのかという感じがすごくします。

　もちろん、声をかけられたときに「何か答えなきゃ」という気持ちが働くのは当たり前です。自分の言うことが場違いだったら恥ずかしいし、本当に聞きとれているかどうかも心配だし……と考えていると何も話せなくなってしまうので、それよりは何か話した方がいいと思います。こういうときのために、マニュアルに書いてあることをそのまま覚えておくのではなく、まず自分が興味のあることをはっきりさせて、それを整理して自分の引き出しにしまっておくといいと思います。意識しなければ、普段は自分の興味のあることでも、はっきりさせたり整理したりする機会ってないと思うんですよ。これを一度かたちにしておくと、何か話さなくてはならないときにスッと出すことができます。

自分の興味のあることからトークのきっかけを作る

　例えば映画が好きな人であれば、名作を題材に使うとこんな感じになります。『明日に向かって撃て！（Butch Cassidy and the Sundance Kid）』という映画に、ふたり組のアウトローが南米のボリビアで銀行強盗をするシーンがあるのですが、ふたりはスペイン語が話せません。そこで手に持っている単語カードを読みながら「手を挙げろ！」とか「動くな！」とか叫ぶのですが、銃を向けられた銀行員も言われる前は何をしていいのかわからずにオロオロしているんです。このシーンがすごく面白いなと記憶に残っていて、ボリビア出身の人に会ったときに「ずっと前にSundance Kidの映画を見たんだけど、ボリビアって本当にあんな国なの？」って聞いたら乗ってきたんです。**Basically, yes.**（だいたい合ってる）みたいな。これだけの話なんですけど、やっぱりマニュアルで話すよりも、自分が好きな話をしたほうが全然印象が違うと思うんですよね。それから、何か思いついたことを「言うか言わないか迷う」ようなことがあれば「言う」という意識を持っておくことも大切です。

興味があることは一度整理してかたちにしておく

自分の興味のあることはエッセイで整理しておこう

　英語を本当に習得しようと思ったら、型をひとつ持っておくとよいと思います。そこで私がおすすめするのはエッセイです。紙1枚のエッセイを書いてみましょう。初めのうちは、1パラグラフが1センテンスというような短いもので構いません。エッセイができたら、それを何度も音読して暗唱できるくらいにしておくと、実際の会話の場面で自然とそれが出てくるようになります。もちろん、まるごと隅から隅まで暗記する必要はありません。大切なのは何度も「口に出しておく」ことで、音読を繰り返しているうちに「口をついて出る」ようになります。

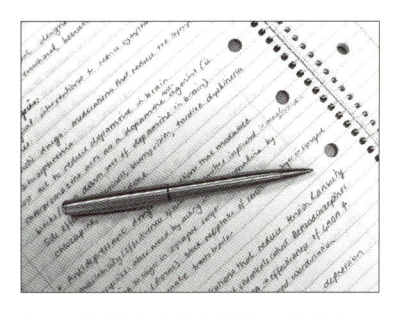

　僕は話すことと書くことは同じだと思っています。ですので、「書く」ということを難しいと感じている人には「話しやすい英語で書けばいい」と言って

います。書く段階で難しい英語を使っているとそもそも音読もしづらいし、暗唱なんて絶対にできないですよ。だから、僕のすすめるエッセイは

> ・基本はシンプルセンテンス（単文）
> ・複雑な接続詞はなるべく避ける
> ・言いたいことが多いときは単文をつなげていく

ということになります。シンプルで短いセンテンスでエッセイを書く習慣をつけておけば、それはそのまま話しやすい英語になります。

最もシンプルなエッセイは5行で書ける！

　考えを整理するためのエッセイの量としては、紙1枚くらいがいいと思います。単語数は100から300程度になるでしょう。ただ、この前準備として、僕は5行エッセイと言っているんですが、5つのセンテンスでアイデアをまとめることを提案しています。

　エッセイの基本的なフレームは右記のようなものですが、このそれぞれのパラグラフをまず1センテンスで書いてみるというのがスタートです。まずは1センテンスで書いてみて、それについてもっと言いたいことがあれば、どんどん書き足していくと自然に適度な量のパラグラフになります。ですからエッセイ初心者の方であれば、まず5行から書いてみてください。そしてできるだけ単文を使ってください。例としてはこんな感じです。まず自分の主張をひとつ書いてみます。

> ■エッセイの基本的な枠組み
> ・**Introduction**（導入／結論）
> ・**Support paragraph 1**（理由1）
> ・**Support paragraph 2**（理由2）
> ・**Support paragraph 3**（理由3）
> ・**Summary**（まとめ／結論）

> **I like autumn.** 　私は秋が好きです。

　もし、これを会話の中で誰かが発言したのであれば、聞いているほうは自然に「なぜ？」と思いますよね。ですから、自分でその理由を整理しておきます。

> （理由１）**The weather is pleasant.**　気候が心地よい。
> （理由２）**There are many holidays.**　祝日が多い。
> （理由３）**Foods are delicious.**　食べ物が美味しい。
> （予備理由）**Leaves look beautiful.**　木々の葉が美しい。

　このように、自分の理由を３つ考えておいて最後にもう一度自分の主張を繰り返せば5行エッセイの完成です。この型さえ覚えておけば、どんなことにでも使えると僕は思っています。例えばビジネスの場で、自社の商品がすばらしいということをアピールしたい場合、その理由を最低３つは整理しておく。この準備だけで、相手の信頼感を増すことができます。通常のエッセイは5行ではなく、もう少し長いものになりますが、もっとしっかりとエッセイを書く場合には、３つの理由それぞれを裏付ける「証拠」を加えてみてください。例えば、上記の **Foods are delicious.** の理由を裏付ける証拠は下記のようなものが考えられるでしょう。

> **Foods are delicious. For example, we can eat newly harvested rice. Also, pine mushrooms are in season. In addition, they sell specially brewed beer. As a result, I can enjoy tasty dishes every day.**
> 食べ物が美味しい。例えば、新米を食べることができる。また、マツタケが旬を迎える。おまけに、特別醸造のビールも販売される。その結果、味わい深い料理を毎日楽しむことができる。

　このように、5行エッセイの型を意識して情報を整理しておくだけで、会話に使えますし、もちろんスモールトークにも効果を発揮します。僕自身も日ごろからエッセイを書くようにしていましたが、初めから会話に活かせるという意識を持っていたわけではなく、エッセイで書いたことが自然と崩れて会話に使えるということがわかったんです。一度書いたものを何度も音読しておくと、それは自分の中に残っていくので、時間が経っても会話で出てくるんです。崩れるということが前提でまったく構わないので、エッセイを書いて整理したことをぜひ会話でも活かしてみてください。

シンプルアドバイス
❶ 自分の興味ある話題は整理してエッセイにしておく
❷ エッセイは5行でもよい
❸ 書いたエッセイを何度も音読すると自然と会話で使えるようになる

30人に聞く スモールトークを乗り切るコツ ⑤

あいづちには、Cool! を使っていこう!

高橋基治（東洋英和女学院大学教授）

サンフランシスコ大学大学院修士課程終了。専門は英語教育、第二言語習得。国連英検アドバイザーおよび特A級面接官。主な著書に『TOEIC®テスト 出まくりキーフレーズ』（コスモピア）、『マンガでおさらい中学英語』（共著、KADOKAWA/中経出版）などがある。

◀ 海外では日本のことを言えるようにしておくといい

―― 高橋先生は留学されていたんですよね?

　そうですね、サンフランシスコ大学に留学しました。でも、その前はロサンゼルスとサンフランシスコで、旅行代理店のホームステイ・プログラムの添乗員をやっていたんですよ。学生などをホームステイ先に引率するかたわら、自分も普通の家庭にホームステイするんです。だから、絶えずスモールトークをしなくちゃいけないような環境にありましたね。

―― ホームステイ先では、どういった話をするんですか?

　今日はこういうことがあったという話など、日常的な話題ですよね。あとは、テレビを見ながら、この作品はどうだとか、この俳優はどうだとか。

―― では、そのときに避けるようにしていた話題はありますか?

　よく家族のことを聞くといいと本に書かれていたりしますが、相手が離婚している場合も少なくないので、向こうから話題を振られないかぎりは避けたほうがいいかもしれません。あとは、宗教や人種のことも注意が必要な話題と言えますね。

―― ホームステイ先以外でも、スモールトークをすることはありましたか?

　バスを並んで待っているときに、目が合うと話しかけてくる人はいましたね。**Does this bus usually arrive on time?**（このバスはいつも時間通りに来てるの?）とか **The bus hasn't come yet, huh?**（バスはまだ来てないですよね?）とか。それで、こちらの外見を見て **Are you Chinese?**（中国人?）

とか **Are you Japanese?**（日本人？）といった質問をされます。日本人だとわかると、**How are the samurai?**（サムライは元気か？）なんて聞かれたこともありますね（笑）。日本に行ったことがあるという人から、**I was in the military, so I went to Misawa Air Base.**（自分はかつて軍にいて、三沢基地にも行ったよ）と言われたこともありました。

　ほかには **I like Japanese food like tempura.**（日本食は天ぷらが好きだ）とか、**I went to Kyoto and it was wonderful!**（京都に行ったことがあるんだけど、素晴らしかったよ）といった、日本について知っていることを相手が話題にしてくれるので、日本のことは言えるようにしておいたほうがいいですよね。

自分が得意じゃない話題の場合は聞き役に回れ

―― もともと英語でそんなに雑談ができたんですか？

　アメリカに行く前は英会話の本で勉強して、趣味などについて話せるように練習していましたね。あとは、ドラマや映画を見ていました。特に『ファミリータイズ』などのシットコム（シチュエーションコメディ）を参考にしていました。「こういう状況でこんな風に言うんだ」という自然なやりとりが学べましたから。そうやって覚えた表現をホームステイ先で実践したんです。

―― どんな話題を得意にされていましたか？

　当時は小林克也さんが司会をされていた『ベストヒット USA』という番組を見ていたので、アメリカに行っても音楽の話題になると、この番組で覚えたアーティストや曲のタイトル、歌詞なんかが役に立ちましたね。「ヒューイ・ルイス＆ザ・ニュースの **The Power of Love** っていいよね。この曲が使われている『バック・トゥ・ザ・フューチャー』見た？」と言って、音楽から映画の話題へ展開させるパターンもできますから。ですから、自分が好きなこと、あるいは興味のある話題についてしゃべれるようにしておくと、役に立つと思いますよ。

―― 音楽以外でおすすめの話題はありますか？

　スポーツはいいですよね。今だとイチローとか。**Did you know that Ichiro eats curry every morning? I think he's more of a philosopher than a baseball player.**（イチローが毎朝カレーを食べているのを知ってた？　彼は野球選手というより哲学者だと思うよ）なんて言えるといいかもしれません。逆に自分があまり知らないスポーツの話になったときは、徹底的に聞き役に回ることです。**What do you like about it?**（どこが魅力なの？）と聞いてあげると、相手は喜んで答えてくれると思います。

　そのときに、あいづちとして **Cool!** が使えるんですよ。**Cool!** は、「すげえ」「やるね」「マジ？」「ウソ？」に全部該当しますから、とにかく **Cool!** を連発すればいいです（笑）。**Aha.** ばっかりでも単調ですから、ぜひ **Cool!** を混ぜてみてください。もう少し上級者になりたいのであれば、**Did you?** とか、**Oh, you did?** とか、**Is that right?** や **I didn't know that.** などのつなぎの言葉をあいづちとして使えるようになることですね。

―― 確かにネイティブ同士の会話では、頻繁につなぎの言葉が使われますね。

　実際の会話ではセンテンスではなく、単語だけで答えることも少なくありません。単語だけしか口に出せなくても、相手が想像して補ってくれます。逆にフルセンテンスで話すと不自然な場合も少なくなくて、リズムを重視してチャンク（意味のかたまり）をつなげて話すことが求められます。こういった会話を学ぶにはやっぱりドラマがいいんですよね。

　あとは定型表現をたくさん覚えて使えるようにしておくことです。定型表現の持ち駒がたくさんあれば、それらを組み合わせて使えばいいわけですから。日常会話の80パーセントは定型表現で成り立っているという研究もあるくらいです。**What's up?** に **Not much.** で答えるとかね。

ビジネスでのスモールトークは軽視できない

―― ビジネスで英語を使っている人でも、仕事は英語で何とかこなせてもスモールトークが苦手だという人は多いようです。

　ビジネスのスモールトークって意外と重要で、会議では結論が出なくても、その後の食事の席で雑談をしているときに成否が決まるようなケースも少なく

ないんです。そのときにやっぱり日本のことを言えるようにしておいたほうがいいです。ビジネスであれば相手もこちらの政治や経済の話題に関心があるでしょうが、あまり深く掘り下げられても困ります。なので、例えば **The number of foreign tourists in Japan has really grown.**（日本を訪れる外国人観光客の数がものすごく増えているんだ）と言って、観光の面から日本のよさをアピールしてみるといいかもしれません。

　ランキングのデータを提示するのもいい方法です。**Out of all the popular sightseeing spots in the world, an American magazine called "Travel+Leisure" chose Kyoto as number one for two years straight.**（京都はアメリカの旅行雑誌 Travel+Leisure が選ぶ世界の人気観光地ランキングで2年連続1位になったんだ）と言ってみるとか。すると、「どこがそんなに魅力なの？」と聞かれると思うので、**There is an eclectic mix of ancient and modern. It feels like being in a time slip between two different eras.**（古代と現代が調和しているから、ふたつの異なる時代をタイムスリップしているような気分に浸れるんだよ）といったような答えを用意しておくとかね。

―― **共通の話題がすぐに見つからない場合はどうしたらいいですか？**

　その場合は、こちらから聞いていけばいいんですよ。**What are you into lately?**（最近、何かにハマってる？）とか、**Do you eat breakfast every morning?**（毎朝、朝食食べていますか？）とかね。共通の話題を見つけるための何気ない質問のストックを持っておくといいですよね。あるいは、自分が得意な話題について、自分が話す前に相手に聞いてみてもいいと思います。ストレス発散によくお酒を飲んでいる人であれば、**What do you do when you're stressed out?**（ストレスを発散するにはどんなことをしますか？）と聞いてみるんです。相手の返答を聞いてから、自分はお酒を飲むんですと答えて、**I love sake.**（日本酒が大好きなんです）のように展開させていけばいいと思います。いかに共通項を見つけるか、が会話では重要なんです。

シンプルアドバイス
1. Cool! には、「すげえ」「やるね」「マジ？」「ウソ？」の意味がある。
2. スモールトーク上達のためには、海外ドラマのセリフを真似る。
3. 定型表現をたくさん覚えて、それらを組み合わせよう。

30人に聞く スモールトークを乗り切るコツ 6

雑談中は相手を褒めることを心がける

川合亮平（ジャーナリスト）

ライター、通訳者、翻訳者、コーディネーター。UK出身のミュージシャン、俳優への英語インタビュー・通訳を多数手がけている。主な著書に『イギリス英語を聞く THE RED BOOK』『イギリス英語を聞く THE BLUE BOOK』（ともにコスモピア）などがある。

◀ 気持ちよく取材に応じてもらうために雑談は重要

—— 外国人を相手にインタビューされることが多いと思いますが、インタビューのときにもスモールトークはされるんですか？

そうですね。インタビューの前には必ず相手と雑談をするようにしています。それは僕の仕事のルーティーンになっていますね。

—— どういった話をされるのですか？

雑談の中で、必ず相手を褒めるということを心がけています。インタビューの場合は、事前に相手の近況を調べて、雑談の話題を用意するようにしています。例えば、『ダウントン・アビー』というドラマでグランサム伯爵役をやったヒュー・ボネヴィルさんにインタビューしたときは、ちょうどその1カ月前に彼の蝋人形がマダム・タッソーに初めて展示されたので、**I've read an article about your Madame Tussauds debut.**（最近、蝋人形になったという記事を読みましたよ）と言ったんです。これは相手にとってもうれしい話題だったので、インタビューの前に話が盛り上がりました。そういった雑談があることで、相手も気持ちよく取材に応じてくれるようになると思うんです。

—— **相手の近況に触れるというのは、インタビューの場合だけではなく、ビジネスでも応用できそうですね。では、相手の情報がないときにはどうされますか？**

やはりどこか相手の褒められる部分を探します。例えば、ある美術館の館長を取材したとき、その人に関する知識は全然なかったんですが、**I looked around the museum and it was great.**（美術館を見て回ったんですけど、すごくよかったです）と美術館を褒めることが、雑談の糸口になりました。

これは何も取材のときにしか使えないというわけではなく、誰かの自宅に招かれたときなどは、ホストの情報があまりなくても **What a beautiful home.**（素敵なお家ですね）と言ってあげると、相手も喜ぶはずです。相手を褒めるというのは、日本人には馴染みがないかもしれませんが、欧米の文化には当たり前のこととしてありますから、インタビューのときだけではなく、仕事以外の雑談でもできるように心がけています。

サッカーがわかれば英語ができなくても会話できる

—— スモールトークで気をつけていることはありますか？

宗教や政治の話題は避けるということでしょうね。相手がこちらの政治的な立場を知った途端に、気まずくなることもありえますから。ただ、ニュースなどで扱われる話題には、なるべく自分の考えや意見を言うことは大切です。そのほうが関心を持って聞いてもらえますからね。それと、自分が得意ではない話題のときには無理に入っていかないことですね。あまりこちらがアグレッシブになっても、向こうはひいてしまいます。イギリス人はどちらかといえば保守的ですから、多少の距離感を保つ意識が必要です。

—— イギリスで共通の話題となるのはどんなことですか？

なんといってもフットボール（サッカー）ですね。プレミアリーグのことを知っていれば、英語ができなくてもパブで盛り上がれますからね。僕はサッカーがわからないので、サッカーの話題は苦手なんです。スポーツ以外では、やっぱり天気ですね。スーパーのレジのおばさんから、**It's rubbish weather, isn't it?**（ひどい天気ですよね？）と言われたりとか。あとイギリス人はテレビが好きなので、BBC でやっている最新番組について話せるといいですね。

—— 日本でやっていない番組の話題になったらどうしたらいいですか？

例えば、**How about "Downton Abbey" or "Sherlock". Have you seen them?**（『ダウントン・アビー』か『シャーロック』は？　見たことある？）と自分が見た BBC の有名ドラマの話に持っていくといいと思います。とにかく相手との共通項を探るということが大切で、それが自分の好きな話題であれば話を広げるのにそんなに苦労はいらないと思います。共通項が見つかれば、英語力が大したことがなくても、相手と仲良くなることは難しくありません。

―― 趣味が多い、あるいは話せる話題の多い人は有利ですね。

そう思います。僕はあまり趣味がないので話題に苦労するのですが、子どもが生まれてから子育ての話題ができるようになって楽になりましたね。イギリスでホームパーティーに行って、同じくらいのお子さんがいらっしゃる人と交流するときはもっぱらその話題ですね。相手に赤ちゃんがいれば **Does he/she wake up a lot during the night?**（夜中はどれくらい目を覚ましますか）や **We're lucky. He/she doesn't wake up at all.**（うちは、全然起きなくて助かってます）とか、3歳くらいの子なら **Does he/she often have a tantrum?**（すぐぐずつきませんか）とか、**What do you cope with his/her tantrum?**（ぐずったらどうしてますか）とか、子育てはいろいろと話題があるんです。

スモールトークができるまで15年かかった

―― では、スモールトークができるようになるにはどうしたらいいですか？

15年以上前に英会話の講師をやっていたとき、僕は授業を英語で行っていたんですが、同僚の外国人講師と雑談が全然できなかったんです。現在と当時で何が違うかといえば、ふたつの要因が挙げられると思います。ひとつは雑談のインプットが劇的に足りなかったこと、もうひとつは雑談のアウトプットの機会が少なかったことです。仕事で使う英語のインプットとアウトプットはあっても、雑談についてはインプットがなかったので、アウトプットも当然できないわけです。それで、雑談のインプットを増やすために、海外ドラマを見たんです。僕は『フレンズ』をお手本にしていましたね。

―― 『フレンズ』はアメリカのドラマですよね。

そうです。当時は、あまりアメリカ英語とかイギリス英語とかを意識していませんでしたから。でも、おかげで英語力がかなり上がったような気がしています。『フレンズ』のいいところは、会話に出てくる英語がシンプルなんです。その後、イギリスに傾倒していったことによって、イギリスのドラマを見るようになりました。僕が好きだったのは、リッキー・ジャーヴェイスというコメディアンが出ていたドラマですね。日本では有名じゃないんですが、彼は監督、脚本まで全部自分でやる人で、彼のドラマとポッドキャストが自分のイギリス

英語の礎となっています。だから、好きな作品の英語を聞き倒すというのは力がつくと思いますよ。

そうやって雑談のインプットを増やしていったおかげで、アウトプットでもしゃべれるようになりました。インプットとアウトプットのどちらが欠けてもダメだと思うんです。自分の場合は15年以上の積み重ねの末に、何とか雑談をこなせるようになったという感じです。もし、今は英語で雑談が全然できないと思っている人でも、とにかく雑談のインプットとアウトプットを続けていればいずれはできるようになると思いますよ。

―― スモールトークをする上で、知っておくといい表現はありますか？

ふたつあるんですが、まず会話を始めるときに **You know...** とか、**Did you know?** とか、**So...** といった言葉を入れるということです。唐突に質問をぶつけても相手が聞く耳を持っていないので、いきなり **What do you think of...?** と始めるのではなく、**So, what do you think of...?** と最初に「ためを作る」ということが重要なんです。相手にこちらの英語を理解してもらえない要因はたくさんあると思うのですが、ひとつには注意が向いていないということも挙げられると思います。ですから、**So...** のように始めることで、相手は自然に話を聞こうと注意を向けてくれるようになりますよ。そこをぜひ意識してみてください。

もうひとつは、あいづちをしっかり入れることです。**Did you?** とか、**Oh, he does?** といった主語と代動詞の組み合わせをあいづちとして使うと、相手の話を聞いているシグナルになります。自分の場合は、かなり意識的にこの練習をやりました。最初は主語や時制を間違えることもありましたよ。でも、このあいづちが使えるようになると、相手はこちらを英語が話せると認識してくれるんです。適切なあいづちが打てるということは非常に重要で、それによってコミュニケーションがスムーズになりますから、こちらがそんなに英語が話せなくても相手はコミュニケーションができる人と評価してくれます。とてもパワフルな表現ですから、ぜひ覚えて使っていただきたいですね。

シンプルアドバイス

1. 雑談の中では、相手を褒められる部分を探す。
2. 会話を始めるときには So... などで「ため」を作る。
3. Did you? とか、Oh, he does? をあいづちとして使う。

スモールトークを乗り切るコツ ⑦

自分に関係する話題から世界を広げていく

浦島 久（ジョイ・イングリッシュ・アカデミー学院長）

北海道豊頃町生まれ。小樽商科大学（経営学）、帯広畜産大学修士課程（農業経済）を修了。大学卒業後に松下電器産業株式会社（現社名：パナソニック株式会社）へ入社するが、1977年に北海道へUターンし、帯広市にて英会話学校「イングリッシュハウス・ジョイ」を設立。

■ スモールトークに適した話題とは？

―― 先生は講演やセミナーの経験も豊富ですし、スモールトークも得意そうですね。

　そうですね、話をするのは好きなほうです。でも、元々そうだったわけではありません。21歳のときヨーロッパをひとりで旅行した際、イギリスでホームスティを経験しました。当時の私の英語力は英検2級程度。「今日こそは！」と意気込んで家族のいるリビングルームに下りていくのですが、常に撃沈。10分もてばよいほうでした。

　英語学校を経営し始めてからも同じようなものでしたよ。ある研修旅行で今度はシアトルでホームステイしたときのことですが、そこが男性ひとりの家庭だったんです。彼の第二次世界大戦での経験が、とある映画のエピソードに使われたという方だったんですよ。

　文字通り朝から晩まで延々と戦争の話をしてくれるわけです。そこから抜け出せる英語力もストラテジーも当時の私にはなかったため、じっと聞いているしかありませんでした。これは正直、ちょっとキツかったですね。

―― スモールトークに適した話題とはどういったものがいいのでしょう。

　まずは自分に関することが最適でしょう。私の著書『1分間英語で自分のことを話してみる』（KADOKAWA、2016年）はまさに私のスモールトークの経験から書くことのできた本です。家族や仕事、趣味や夢などについて、スモールトークにちょうどいいボリュームの英文にまとめてあります。英語のレベルが上がるにつれ、地域社会、日本、世界といったふうに、話題は自分のことから離れていきます。世界のことについて話せるようにまでなれば、しめたものですね。

—— 日本のことなら例えばどのような話題が話しやすいでしょう。

やはり自分と関係のあることがいちばん話しやすいと思いますが、その中でもあまり知られていないようなことや、驚かれるような情報をプラスできればいいでしょうね。

例えば、日本人のほとんどにとって欠かせない食べ物である納豆。嫌う外国人は多いのですが、好むか否かを問わず、納豆を食べるべき十分な理由があるんですよ。知っていましたか？ 納豆に含まれる菌は血液凝固を防ぐのに役立つため、心筋梗塞や脳卒中のリスクを減らすんですよ。……と、実はこれは私の本から抜粋したもので、『英語で「日本」を話すための音読レッスン』（日本実業出版社、2013年）という著書の中にはこのような日本に関する35のネタが書かれています。日本人でもあまり知らなかった、というようなものがたくさんあるので、ぜひネタとして使ってください。

スモールトークは同じ相手に何度も繰り返すものではないのですが、相手が変われば同じネタを使い回すことができます。なので、まずひとつのネタを準備して、それを何度も口にしていけばどんどん上手に話せるようになるでしょう。

—— **浦島先生ご自身は、そんな、何度も使い回しているスモールトーク鉄板ネタはありますか？**

あるんですよ。これは私の祖先に感謝したいんです。私の姓が「浦島」なので、外国人に自己紹介をする際「浦島太郎」の話をすることがよくあります。あるときカナダ人の友人宅を訪問した際、彼が「軽い脳障害を持つ娘が、自分をとても不幸だと思っている」と、深刻な顔で打ち明けてきたんです。

『1分間英語で自分のことを話してみる』
（KADOKAWA、2016年）

『英語で「日本」を話すための音読レッスン』
（日本実業出版社、2013年）

そこで私は娘さんのもとへ行き、浦島太郎の話をしました。「この話はどんなことが言いたいのかわかる？」**Do you know what this story is about?** と尋ねると、彼女は首を振りました。

　「どんな人にも一生の間で与えられる幸せな時間というのは同じ。太郎はそれを竜宮城で使い果たしてしまったってことなんだよ。きみはいま、自分が不幸だと思っているかもしれないけど大丈夫。これからは良いことがたくさんあるはずだよ」。**We are all given the same amount of happiness in a lifetime. Taro used up all of his at Ryugu Castle. You might be thinking that you're unhappy, but you'll be just fine. Lots of great things will be coming your way.**

　そう言う私の言葉を彼女は真剣な眼差しで聞いていて、友人とその奥さんは涙を浮かべていました。

　浦島太郎のショートスピーチのストックがあったお陰で友人の力になることができて、あのときは本当によかったと思いました。

自分の好きなこと、身近なことをネタとしてもつ

—— 良いお話ですね。浦島太郎を英語で語れるくらいの英語力がない場合に、スモールトークを上手くこなすコツというのがあれば、教えていただけますか。

　自分の好きなことを話すのならラクですよね。それについていろいろストックしておくことです。今の私なら、カーリングや、ジャズでしょうか。英語学習についても自信を持って話すことができますね。

—— 先生のように多彩な方が羨ましいです。

　いいえ、誰でも好きなことはあるはずです。それに、自分の故郷や、いま生活している場所についてもネタはいくらでも準備できるでしょう。身近なことでいいんです。逆にそういったことを情報提供できれば、相手の印象にも影響しますよ。

　私も最初からできたわけではないですしね。若い頃は、外国人同士が話している中に入っていくのは度胸が必要でした。いま私は 63 歳なのですが、最近はそんな心構えをしなくてもあちらから私を話に入れてくれるようになりまし

た。相手は私の話や意見を聞いてくれますし、一目置いてもくれます。年齢を重ねたことのメリットですね。

　ただ、科学や物理等、理科系の話題は日本語でもあまり関心を持てないので、苦手です。そんな状況に居合わせてしまったときは聞き流したり、それなりに乗り切るスキルも身につきました。これも年の功でしょうか。

好奇心をもって人の話をよく聞き、攻めの姿勢で

―― 最後に、スモールトークに臨む際、私たち英語学習者が心掛けておくと良い点などあれば教えてください。

　攻めの姿勢でいよう、ということでしょうか。相手を論破するというのではなく、自分から話しかけることです。そうすれば会話をリードすることができますからね。

　私がこの年齢になったから言えるというのもあると思いますが、やはり人生経験はいろいろしておいて損はありません。どんな経験でもスモールトークのきっかけにできますし、相手が話題をリードしてきた場合でも、自分の経験から意見を言うことができます。

　それと、いろいろな人の話をよく聞くことです。私の職業は英語講師ですが、英語関係だけでなく、写真、カーリング、音楽、さまざまな分野に精通する友人たちが大勢います。普段からそういう人たちとよく会っては話を聞いて、刺激を受けています。

　みなさんも好きなことをどんどん増やして、それに関するネタをたくさんストックしてみてください。日頃から心掛けておいて、時間があれば誰かがそこにいるつもりでひとりで話してみてもいいでしょう。

シンプルアドバイス
1 まずは自分に関係した話題、好きな話題をストックしておく。
2 攻めの姿勢で、自分から話しかける。
3 いろいろな人の話を好奇心をもって聞き、話せるネタを増やす。

30人に聞く スモールトークを乗り切るコツ 8

英語スモールトークの秘訣は Break the Ice

スティーブ・ソレイシィ（英会話コーチ）

アメリカ、フロリダ州出身。早稲田大学大学院政治研究科修了。青山学院大学大学院国際政治学研究科修了（博士号取得）。日本の「英語が使える国の仲間入り」を目指して、セミナーや執筆活動をさかんに行っている。2012年4月からNHKラジオ『英会話タイムトライアル』の講師を務める。BBT大学教授。

英語の雑談、まずはこの3つを意識しよう！

1）話しかけ方：知らない相手と共有していることを話題に活かす
2）会話の運び方：英会話の往復数を稼ごう
3）コミュニケーションのとり方：相手との距離を縮め、信頼関係を築くこと

ポイント1：話しかけ方　相手と共有している話題を使って話しかけよう

　まず、外国の人と話すときに真っ先に「相手がどこの国の人かを知る」という発想を変えてみましょう。相手の出身地を尋ねることは無難なスモールトークだと思われがちですが、相手が外国人だからと言っていきなり **Where are you from?** と相手の国を聞くのではなく、最初に相手と自分が共有していることを活かして声をかけましょう。そして出身地と同様に年齢や家族構成を聞くのもNGです。国際的なパーティーなどでこういった質問を連発しても必ずしも失礼とは受け取られませんが、なぜこんなに個人情報を知りたがるのかと思われて、相手がちょっと嫌味な人だったりすると **Are you writing a book about me?**（私についての本でも書くの？）といじられてしまうこともあるかもしれません。それよりトライしてほしいのは、相手と共有している話題をもとに相手に話かけることです。例えば、

Nice music, isn't?　すてきな音楽ですね。
Nice view isn't?　いい景色ですね。
（同じワークショップなどに参加している人であれば）
Good workshop wasn't it?　いいワークショップでしたね。

のような話題がよいと思います。この **..., isn't?** は共有しているコト・モノを取り上げて相手に声をかけるときに非常によく使われるおすすめの表現です。「～ですね」のニュアンスは英語でも温かみのある印象を相手に与えることができます。そしてどの国籍の人にも使える表現です。

スムーズにあいさつを交わすこと

ところでみなさん、**Hi.** と **Hello.** にていねい度の差があると思っていませんか？　実はどちらも同じくらいていねいです。英単語のていねい度を心配するよりスムーズに交わせるようにあいさつをマスターしておきましょう。一番よく使うあいさつはやはり **Hi. - Hi.**。「はじめまして」や「どうも」のニュアンスです。2番目はおそらく **How are you?** ですが、これはちょっとした社交辞令だと思ってください。基本的な返事を覚えて聞き返しをすればOKです。例えば、**Good, thanks. How are you?**（最近、どうですか？／元気ですか？―げんきですよ。ありがとう。あなたは？）。

まず、このシンプルなやりとりがスムーズにできるようになってください。まったく難しいものではありません。**Hi.** と声をかけられたら、**Hi.** と返事をする。**Hi.** は落ち着いたトーンで「ハイン」のように言うとよいです。そして、**How are you?** と聞かれたら相手にも **How are you?** と必ず聞き返しましょう。**How are you?** と聞かれて、**Um, I'm a little thirsty.**（喉がかわいています）なんて答える人もいますが、これから会話を構築していこうとするときに大切なのは、あなたの正直な状態を答えることではなく、相手にも **How are you?** と聞き返して距離を縮めることです。

ポイント2：会話の運び方　会話の往復数を稼ごう！

まず、最も避けたいのは「言葉が出てこない」という状況です。あなたから何も言葉が出てこなくなってしまうと、相手はどうしてよいかわからなくなってしまうはずです。英語のスモールトークで一番問題になるのは、出てくる言葉がどうということではなく、言葉が出てこないことです。いくらたくさんの英単語を知識として覚えても、言葉として出てくるかどうかはわかりません。勉強より練習が大切です。練習方法はさまざまありますが、ぜひ『英会話1000ノック』シリーズやNHKラジオ講座の「英会話タイムトライアル」で

言葉を出す練習をしてみてください。英会話にはいくつかの実践的な基準がありますが、スモールトークでは「往復数」が命です。

あなたと相手の会話のキャッチボールが続く数、つまり会話のやりとりを往復数とよびます。1（相手）、2（あなた）、3（相手）の3回くらいで終わってしまう会話は慣れていない人によくありがちですが、これではスモールトークとは言えません。スモールトークをラクにするためのアドバイスは「相手に多く聞き返す」ことです。さらに会話の往復数として目指してほしい基準は10往復程度です。

スモールトークを乗り切るコツ

言葉は文法的に間違っていても問題ないので、往復数を増やすことを意識してみましょう。往復数を稼ぐためには聞き返す力と自らの瞬発力も必須です。この往復数と瞬発力を鍛えるための目安として下の目標を参考にしてみてください。

> 目標1：10秒以内に2文以上言えるように（自主トレ）
> 目標2：30秒以内に7文以上言えるように（自主トレ）
> 目標3：10往復の会話ができるように
> 　　　　（スクールやオンライン英会話でも実践してみてください）

私はこの課題をトレーニングするための書籍を今までに何冊も手掛けてきました。現在もNHKラジオ講座『英会話タイムトライアル』で、瞬発力や会話の往復数を課題として取り上げるレッスンを行っています。こういった会話のトレーニングで気をつけていただきたいのは、ロールプレイとしてトレーニングしないことです。つまり、多くの教材には英会話の質問と回答例が載っていますが、例を暗記してしまっては意味がありません。こういったテキストの主役は質問部分にあります。回答例を参考にしつつ、自分だったらこの質問になんて答えるのかというproductive（英語を自分で作り出す）な練習を必ずしてください。

ポイント3：コミュニケーションのとり方　相手個人との距離を縮めよう！

理想的なコミュニケーションには「ライトユーモア（難しい英単語ではなく簡単な単語よいのでユーモアを持って話すこと）」は欠かせません。自分の個

性によって具体的な表現やフレーズにユーモアが現れることもあれば、ジョークを暗記して使う人もいます。一番自然なのは、ミスコミュニケーションかも知れません。相手とのやりとりの中で自然に生まれるものです。さまざまなケースがあり得ますが、**Oh, I thought you said....**（あれ？　〜と言っていたと思ってた）のように会話が行き違ったり、些細な言語ミスからユーモアが生まれることもあるでしょう。ユーモアで相手の心をつかんでから、初めて個人情報を共有するとよいです。英語では **break the ice** よく言いますが、「緊張をほぐす」とか「場をなごやかにするための話をする」と言った意味で、これがスモールトークを成功させる最大の秘訣だと思います。特に日本の方は、「場違い」発言を恐れる傾向があるようですが、慎重になりすぎて何も出てこないより、文法は間違っていてもいいので30秒の間に連続で文章を発言することができたら、その努力は伝わります。そのようにして信頼関係が少しずつ築き上げられていくのだと思います。

ふたつ目のポイントは、相手の名前を会話の中で適宜使うこと。例えば、**Did you come here by car, Mary?** のように、簡単な質問や声をかける際に、相手の名前を意識して入れてみましょう。そうすることで、相手はあなたに自然に親近感を持ち、距離を簡単に縮めることができるでしょう。

●瞬発力や会話の往復数を鍛えるソレイシィ先生の著書（一部）
（左）『英会話1000本ノック　本番直前編』コスモピア
（右）NHKラジオ講座『英会話タイムトライアル』NHKサービスセンター

シンプルアドバイス
1. 相手と共有していることを話題に活かそう
2. 会話の往復数を増やそう
3. 簡単なユーモア、聞き返し、そして名前を使って相手との距離を縮めよう

INTERVIEW

30人に聞く　スモールトークを乗り切るコツ 9

聞き役としての存在感を高めよう！

藤尾真吾・藤尾美佐

藤尾真吾：外資系企業にてマーケティング、マネジメントに従事。アメリカ・イギリスの在住経験あり。藤尾美佐：外資系企業勤務後、東京大学大学院にて英語教育・異文化間コミュニケーションを研究。現在、東洋大学教授。

▎英語ができないからこそ、コミュニケーション能力が鍛えられた

―― 美佐さんは英語の先生ですから、普段から英語に接する機会は多いと思うのですが、真吾さんは何がきっかけで英語のコミュニケーションができるようになったのですか？

真吾：雑談ができるようになったきっかけというのは外資系企業で仕事をしていたからでしょうね。私が就職活動をしていた時代は、外資系企業でも入社条件としてあまり高い英語力は求められていなくて、入社してから学べばよいという姿勢だったので、私は最初からそんなに英語ができたわけではないんです。

美佐：夫はあまり英語が得意ではないと言っていますが、私から見るとそれでも英語を使ったコミュニケーションがうまいんですよ。正確な英語にこだわるより、単語ベースなのにうまく話を展開させるというのはひとつの能力だと思います。それから、どこで笑うかのツボを知っているんですよね。英語で笑いをとるのも上手なんです。

真吾：というのは、英語ができないからこそ、それをカバーするためにほかの能力が鍛えられた結果なのかと思います。私の経験では、単語をはさむことで会話を盛り上げるとか、英語で話すから英語のジョークでなくては通じないというのはなくて、日本の笑いの感覚でも受け入れられると思っています。日本の漫才とかって「間」があるじゃないですか。これをそのまま英語の会話で使うんです。たとえば、**Are you married?**（ご結婚は？）と聞かれて、**I have just one wife.**（妻がひとりだけいます）と答えたり、イギリス滞在中に「奥さんと一緒に来てるのか」と聞かれたときには、**Unfortunately, yes**

.... oh, fortunately（残念ながらそうなんです……いや、幸運にもでしたよね）というようなジョークを言ったりしますね。

—— 少し前までおふたりでイギリスに滞在していたそうですが、海外生活の中でよく耳にした雑談の話題などはありますか？

真吾：天気の話なんかはあいさつみたいなものですね。まず、**It's windy today.**（今日は風が強いね）とか、**It's freezing.**（寒いね）なんてよく言ってましたね。それから、天気の話なんかをしていると、相手が「じゃあ、日本の天気ってどうなの？」という質問を投げてくれて、そこから会話が広がることもあります。

美佐：イギリスならではの話題としては「電車が遅れる」「行列が長い」というのもありますね。イギリスでは列を **queue** と言うので、**It's a long queue.**（列が長い）なんていうひとことからたわいもない会話が始まることも多いです。

真吾：それからサッカーの話題。最近は日本の選手もヨーロッパのリーグで活躍しているのでスモールトークの話題としてはおすすめです。ただし、現地の人はサッカーに関しては詳しい方が多いので、どこの誰がどこどこのチームに移籍したとか、あのときのプレーはどうだったとかいう細かい話になっていくとさすがについていけないこともあるので、もしあまりサッカーに詳しくないのであれば踏み込んだ話まではしなくてよいと思いますよ。

イギリスではレストランやバス停に行列ができている光景がよく見られる。

美佐：スポーツに限らず、日頃から文化や政治などに興味を持ち、ある程度の知識を取り入れておくのは、外国の方と話すときには有効な手段だと思います。

真吾：それから日本について話してあげると相手は興味を持って話に乗ってきてくれます。外国の方の日本に対する関心度は年々上がっているようで、日本文化の生け花や茶道、それから武道系のスポーツなどを習っている方も多く、特に興味を持たれると思います。また自分自身に少しでも経験があればそれらのス

クールに参加しやすく、友人を作ったりするのに役立つと思います。

——日本のことを英語で説明するというのはなかなかレベルが高い感じがします。

美佐：そうですね、日本的な価値観や概念を英語で表現するって実はすごくレベルが高いことで、実際に言葉に落とし込んで伝えるのは難しいですよね。そういう時は相手の国の中から似ている概念やモノを見つけてきて、**It's just like...**（〜のようなもの）と説明するのがおすすめです。例えば「日本には昔、忍者がいた」という話をしているときに、**What is a Ninja?** と聞かれたら **It's a spy with exceptional physical strength.**（卓越した身体力をもったスパイです）などときっちり説明できればいいですが、とっさに思いつかない場合は、**Just like 007.**（007のようなものです）だけでも十分にイメージは伝わりますよね。また歌舞伎を **It's one of the traditional Japanese performing arts.**（日本の伝統芸能のひとつです）と説明してもあまり反応のなかった人に、**It's just like a musical.**（ミュージカルみたいなものです）と言うと「ああ」という感じの反応をしました。彼らが知っているものに例えることで、きっと相手のイメージに訴えかけることができるんでしょうね。

真吾：こういったことについては英語で日本のことを語ろうといった趣旨の学習本がたくさん出版されていますから、それを利用して自分の言いたい項目の表現なんかを事前に整理しておくと役に立ちますよ。

美佐：スポーツと日本の話題が盛り上がるのであれば、オリンピックについての話題もよいと思います。オリンピック開催に向けて少し知識を蓄えておいたほうがよさそうですね。それから、話しながらスマホで写真を見せるというのも会話を盛り上げるコツのひとつだと思います。

—— アメリカ人とイギリス人のおおまかな違いはなんでしょう？

真吾：私はもともとアメリカ文化に興味があり、アメリカに1年留学したこともありましたが、今回イギリスで生活してみてやはり両者には性格的な違いがあるんだと感じました。アメリカ人は全体的にオープンな感じで自分や家族のことについて話すのが大好きというイメージがあります。ところがイギリス人は初対面ではあまり自分から話しかけない雰囲気がありますね。どちらかというとイギリス人のほうが人見知りな日本人の感覚に近いです。

聞き返しとあいづちの組み合わせで「聞き役」を極める

——スモールトークができるようになるために普段からできることはありますか？

真吾：私からおすすめなのは、短い単語で会話を止めたり、わからないときに聞き返すようなフレーズをあらかじめいくつかストックしておくことです。例えば、**Say what?**（何て言った？）とか **Come again?**（もう一度言って）などです。こういう言葉をいくつか覚えておくと会話の途中から入りやすくなると思います。

美佐：それからあいづち表現を活かすというのもいいと思います。以前ある調査を行ったところ、日本人が英語のあいづち表現として主に使っている言葉がふたつしかなかったんです。それは、**That's interesting.**（おもしろいですね）と、**Really?**（本当に？）です。ネイティブの会話をよく聞いていると、こういったあいづちのバリエーションを会話の中でよく使いこなしていて（**amazing**、**fantastic**、**fabulous** など）それで会話がイキイキしたり盛り上がったりしていることがわかると思います。ほかにもネイティブのひとから見習いたいのは倒置法の使い方ですね。**So am I.** とか、**Oh, did you?** みたいなものです。これも簡単に会話に入っていけるひとつの方法だと思います。

真吾：私もあいづち表現は本当に大切だと思います。外国のかたはあいづちがないと本当に自分の話を聞いてもらえているのかどうか不安になるようです。

美佐：やはり英語のネイティブ対ノンネイティブで話をするときって、私たち日本人はどうしても聞き役にまわるんですよね。ですから私はいかに聞き役として存在感を出すかということがすごく大切だと思うんです。私はこの聞き役としてのスキルを磨くということが、日本人のスモールトークの第一歩に一番合うんじゃないかなと思います。

シンプルアドバイス
1. 英語が得意でなくてもコミュニケーション能力は伸ばせる
2. 日本のことは少し説明できるように事前に知識を入れておこう
3. 聞き返しとあいづちで聞き役としての存在感を高めよう

30人に聞く スモールトークを乗り切るコツ 10

まずは一言！ シンプルな質問を使いこなそう！

竹内栄子（外資系教育出版社勤務）

オーストラリア・メルボルンに、オーストラリア人のご主人とラリー（愛犬）と暮らしている。アメリカに本社を置く教育系出版社スカラスティック・ジャパンに勤務。普段はオーストラリアを拠点に、年に数回、日本へ出張する。スカラスティック以前にも外資系出版社での勤務経験あり。

▼ 事前に準備が大切！ ネタのストックをしておく

—— スモールトークで印象に残っているエピソードはありますか？

いちばんドキドキした体験は、以前勤めていた会社でアシスタント・マネージャーだったときのことです。アメリカの本社から上司が来て、週末に一日アテンドしなくてはならない状況になりました。そうなると一日中、スモールトークですよね。そのときは英語に自信がなかったし、「失礼のないようにしなくては」と、会う前はとても緊張していました。

でも、その日がちょうど母の日で、待ち合わせの新宿にはカーネーションを持っている人がたくさんいたんです。そしたら彼女から「エイコ、今日は母の日だったのに大丈夫だった？」と申し訳なさそうに言われて、すっと肩の力が抜けました。そこから日本では母の日にどんなことをするかという話になり、日本の風習について話したり、食べ物の話になり、話がどんどん発展して、ふたりでワインが好き共通点もわかり、とても話が弾みました。

—— スモールトークの重要性に気づいたのはいつですか？

まず、すごい上司に出会ったことですね。その方はいつも話が仕込んであるんですよ。英語のスモールトークをしなくてはならない場面がたくさんある方なのですが。入社したばかりの頃、仕事を教えてもらう関係で、その方といっしょに出かけることがよくありました。彼女は、どこの訪問先へ行っても同じ話をするんです。だいたいは、ジョークや文化的なトピックですね。いつもふたつくらいは同じ内容を使い回すんですね。とてもシャープな上司の方だったのですが、やはり、いつも話題のネタをストックして、準備されているんだなあと感心しました。

もうひとつのきっかけは、放送作家や司会者として活躍された、大橋巨泉さんのインタビュー雑誌を読んだことです。その雑誌の編集後記を読んで、とってもビックリしたんですが、大橋さんは、インタビュアーのことや会社のことをリサーチしていたらしいんです。つまりよく準備されてインタビューの場に臨まれていた。その編集後記には「大御所の方が、こんなに勉強されているなんて知りませんでした。私もこういう姿勢で臨みたいと思います」と書かれていて、まったくその通りだなと思いました。それから、私もどなたかにお会いする時はなるべく相手のことや、相手の会社のことをウェブなどで事前に調べておくようになりましたね。相手の会社で新製品が出たとか、ちょっとしたことですが。会社についての質問だったら失礼になりませんから。

human engine に注意！ まずは話しかけてみよう

―― スモールトークをする際に、どのようなことを心がけていますか？

　日本人はよく **human engine** になっていると言われているそうです。なかなか話し始めることができなくて、頭の中で英作文をして「うー」や「あー」と言っている時間が長くて、それがまるでエンジンみたいに聞こえるらしいんです。それを聞いたときはショックで、私もそうならないように気をつけようと思いました。

　とにかくシンプルな言葉でよいので、何か一言話し始めるようにしています。**Did you sleep well?**（よく眠れた？）、**How was your day?**（今日、どうだった？）など。あとは、ありきたりな言葉ですが、**How are you?** と必ず聞くようにしています。

　How are you? が突破口となって、「昨日ね。こんなことしたんだよ」「今日これから忙しいんだよね」という話が出てきます。日本語に置き換えると「お元気ですか？」という感じで堅い感じがしますけど、その場で実践してみると便利な表現だなと思いました。

　あとは、あいづちの使い分けで相手に興味を持っていることを示して質問するようにしています。先に、相手のことについて質問します。以前までは、自分のことばかりを先に話す傾向がありましたが、全部 **I** や **me** で話を始めていると、わがままに聞こえるらしくて、そうならないように気をつけようと思っています。その一方で、相手を質問攻めにしないようにしています。前に、質問ばかりされると嫌だという方がいましたので。会話のバランスを意識しています。

シンプルな質問を使いこなそう！

—— スモールトークで、困ったことはありますか？

　相手がしゃべってくれないときですね。寡黙な人って外国人の中にもたくさんいます。しゃべってくれないと、日本人のこと嫌いなのかな、私の話つまらないのかなと心配になっちゃいますよね。いったんそう思うと、気が引けてきちゃって、どんどん深みにはまっていくので、そういう思いは忘れて、一歩を踏み出すようにはしています。

　あとは、私の英語が通じてないようで、眉間にしわをよせられたときがありました。結論を先に話す、英語の文章の組み立て方に慣れなくて、私はしゃべると長くなってしまいがちで、「何を言いたいのかわからない」って言われたこともあるんですよ。**What do you mean?** と聞かれて、私の言っている意味、通じないんだと思ったら、もう本当にショックでした。

　色々な体験から、本当に簡単な質問やコメントを用意して、話しかけることが大事だなと思っています。相手が答えやすそうな質問を意識しています。**How was your weekend?** とか。誰だって、週末は過ごしていますしね。相手が週末に何もしてなくても、「そう、何もしなかったの。私はね……」と、自分の体験をしゃべることができますし。だから私は、相手が誤解しないような英語の質問することには自信があります。

—— 国、宗教などを話題にすることはありますか？

　国や宗教の話題は、一般的にタブーと言われていますけど、議論をするんじゃなかったら、そういう話をしても大丈夫だと思っています。もちろん **Do you believe in Jesus?**（キリストの存在を信じている？）なんてことは聞きません。「ニュースで聞いたけれど、お国大変ね」というのは平気だと思います。物事を決めつける **statement** のようなことを言わなければ、いいと思っています。

—— 意識して話題には選ばないテーマはありますか？

　家族のことは自分からは聞きません。なぜならば家族の形態は様々だからです。オーストラリアにいますと、パートナーがゲイとかレズビアンという方が普通にいますので、自分から話題にするのを止めたんですね。相手から家族

のことを聞かれたら、私は答える。そしたら相手が自分の家族ことを話し出す……というスタンスで行こうと思っています。

わからないことを恥ずかしいと思わない

—— ネイティブ同士が話し始めたり、話題の内容がわからなくて話について行けなくなったときはどうしますか？

そういうシチュエーションは、本当にたくさんあります。黙って聞いていると、「怒っているの？」と思われることもあるそうです。だから、タイミングを見て、**Excuse me, sorry to interrupt you, what did ○○ mean?**（割り込んですみません。○○ってどういう意味ですか？）と聞くようにしています。そうすると「あ、この人わからないんだ、この意味」と気づいてくれるんですね。でも、そんなふうに、何を言っているかわからないことを恥ずかしいと思わなくなるまで結構、時間がかかりました。

そもそも、話しているときに会話を中断させてしまうのが失礼ではないかなと気が引けていたんです。でも、質問するとまたそこから会話の流れが広がっていくので、何度かそういうことを経験して、質問することも大丈夫だと思えるようになりました。

スカラスティック社はアメリカ版「ハリー・ポッター」をはじめ、Cliffordシリーズなど英語絵本をたくさん出版している。学校や家庭を通して世界中の子どもたちに英語の書籍と学習教材やサービスを提供している。竹内さんは、仕事で絵本の読み聞かせの実演をすることも。

シンプルアドバイス
1. ネタのストックをしておく
2. まずは一言、話しかけてみる
3. 相手が答えやすそうな、シンプルな質問を使いこなす

30人に聞く スモールトークを乗り切るコツ 11

話題は自分から提供するほうがラクに話せる

佐藤洋一（コスモピア教育開発事業部・上席研究員）

東京大学大学院総合文化研究科博士課程単位取得満期修了退学。専門はビジネス英語談話分析。現在、青山学院大学および放送大学などで教鞭をとる傍ら、日本国内の複数の企業で英語学習コンサルティングに携わる。『英語は20の動詞で伝わる』（かんき出版刊）ほか。

「自分がそれをどう思うか」を明確に示す必要がある

—— 先生は企業研修で実際に社会人に英語を教えておられますね。中級者になってくると、外国の方と英語でスモールトークする機会もあるのではないかと思います。何か気がつかれたことはありますか？

　「ビジネス英会話は難しいけど、日常会話ならなんとか」というふうに考えている方が多いように思います。でも、難しいのは、実はビジネス英会話ではなく、日常会話、特にスモールトークのほうなのです。自身の専門性が発揮でき、話の内容もある程度予測がつくビジネス会話と比べると、スモールトークはいつどのタイミングでどのような話題が飛び出すか予測不可能です。そういう意味で難しく、そこで要求される英語力はとても高いといっていいでしょう。

　企業研修などで教えているビジネスパーソンの多くは、このスモールトークになるとお手上げ、という方がほとんどです。また、面白いことに、上級者になればなるほど、スモールトークで要求される英語力も高くなっていくためか、上級者ほど「ビジネス英会話のほうがよほど簡単だ」と思う傾向にあるようですね。

—— 先生は同僚のネイティブの講師の方と話す機会が多いと思いますが、どんな話題が多いですか？ 何か気をつけておられることはありますか？

　そのときどきのニュース、特に政治や経済に関連するような話題が多いと思います。つい最近の例では、「ポケモン GO」という話題のスマホアプリのゲームについて、同僚と話す機会がありました。面白かったのは、そのゲームの内容ではなく、そのゲームを取り巻く英語圏での「動物保護の問題」について、盛り上がっていました。Nintendoさんのゲームは、英語圏の人の目には、動物虐待だと映るものが多いようです。例えば、数年前、スーパーマリオシリー

ズで、マリオがタヌキの毛皮を装備しているのは動物虐待かどうかを判定する裁判が起きたことがあったそうです。いま話題の「ポケモン GO」についても、もしかしたら、動物虐待の問題が取り上げられる可能性があるかもしれない、ということをアメリカ人の方数名と話していて、とても盛り上がりました。

　話題が込み入ってくると、英語力の面ではどうしてもネイティブの方にはかなわないことがほとんどで、あいづちを打っているだけになってしまうことが多いですね。日本では、あいづちは「相手の話をしっかり聞いている」サインであり、ある種の評価の対象になると思うのですが、英語を話している空間でこれをやると、「自分の意見を言わない無責任なコミュニケーター」と思われてしまう場合があるのです。

　ですから、どのような話題であっても、「自分がそれをどう思うか」ということははっきり示す必要があります。例えば、マリオの動物虐待について言えば、**That sounds ridiculous.**（ばかげた話だけど）とか、**That's insightful.**（それは考えさせられるものがあるね）などのように、自分がその話をどう受け止めたかをはっきり示すことが大事です。周りの空気を読んで、その場に同調する形であいづちを打っているだけでは、「スモールトークに参加している」ことにはならないのです。

話題は自分から切り出したほうが会話に乗れる

―― スモールトークをするときに、自分から話題を切り出すことが多いですか？ それとも相手の話に乗ることが多いですか？

　私は自分から話題を切り出すことが多いのですが、それは意図的にそうするようにしているからです。相手が出してきた話題に乗るというのは、実は英語学習者にとってはとても苦痛な場合があります。英語力ではネイティブには及ばない上に、相手が得意な話題でリードしてくると、取りつく島がなく、自分が切り込める話題が出てくるまで我慢をして話を聞いていなければならなくなります。これではいわゆる二重苦の状態です。

　ですが、少なくとも馴染みのある話題を切り出すことができれば、会話に乗り遅れるということがなくなります。ひとつ例を挙げますと、この間、仲良くしているニューヨーカーの方と久しぶりに会ったのです。彼にかぎらず、ニューヨーカーの方は比較的早口で話す傾向があります。早口でまくしたてられた

ら、ノンネイティブの私では太刀打ちできないことはわかっていたので、こちらから、この秋に公開予定の映画『ブリジット・ジョーンズの日記』シリーズの第3弾について話題をふりました。すると向こうも食いついてきて、**If you were Bridget, who would you choose, Mark or Daniel?**（あなたがブリジットの立場なら、マークとダニエルのどちらを選ぶか？）という話で盛り上がりました。予想以上に話が盛り上がったため、授業開始時間に危うく遅れそうになってしまいましたが（笑）。

ですが、反対に、相手の話題に乗っているだけだとしたら、こちらは馴染みのない話題を聞く一方になってしまい、話はここまで盛り上がらず、ぎこちない会話で終わってしまったかもしれません。

—— スモールトークをするときに、ご自身が重宝している表現はありますか？ あったら具体的に教えてください。

ネイティブを相手にする場合、どうしても話題の面でもリードを許してしまう場合も少なくありません。そのような場合には、あせらず、まずは相手の話題の中から、こちらがついていける話題を見出すことが起死回生の一手です。

その際、**You said, ...**（〜とおっしゃいましたね）、**It's a few subjects ago, but...**（少々前の話題になりますが、〜）という表現は重宝します。あるネイティブの方が頻繁に使っていたので、私も真似して使うようになりました。すると、驚くほどスムーズにスモールトークに加わることができたのです。

また、ネイティブ同士でも、難しい話題になったら、あえてそれを回避して、自分に有利なように話を進めるというストラテジーを使っていることも気がつきました。**Speaking of which, ...**（そういえば、〜）という表現で話を始めると、比較的スムーズに苦手な話題を回避することができますね。スモールトークが苦手だと思っている方は、ぜひ使ってみてください。

◀ 間違えても大丈夫。失敗で盛り上がることもある

—— 日本人のビジネスパーソンにとって、話題がどんどん変わるスモールトークの場は、聞くにしても話すにしても苦手で、プレッシャーに感じる方が多いようです。何かひとことアドバイスをいただけますか。

スモールトークに苦手意識を持っている方に話を聞くと、「間違えたらいけ

30人に聞く スモールトークを乗り切るコツ Part 2

ない」というプレッシャーに苛まれているようです。ですが、スモールトークは、リスニング試験やスピーキング試験ではないので、間違えていいんです。ネイティブ同士のやりとりを注意深く観察していると、けっこうところどころ間違って理解していたりするんです。

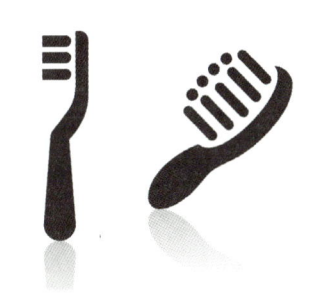

　ひとつ例を挙げてみましょう。出張でネイティブの方数名と一緒に関西のホテルに泊まっていたときに、あるカナダ人の方が、ホテルの brush を集めることが趣味だそうで、その場にいた私や他の方に、**Could you give me the brush in your room if you don't use it?**（使わないようなら部屋の brush を僕にくれない？）っておっしゃったんです。その場にいた全員、自分用のものを持っていたので、快諾したんです。その後、私は部屋に戻って、歯ブラシ (tooth -brush) を持って行ったら、「そうじゃなくて、hair brush（ヘアブラシ）が欲しかったんだけど」とおっしゃったんです（笑）。

　心の中で、自分の英語力の不甲斐なさを嘆いていたら、なんと、他の方も全員歯ブラシを持ってこられたんです。全員大笑いでしたね。そこで私は、英語のスモールトークの話題なんてけっこういい加減なんだということと、失敗したことで逆に場が盛り上がることもあるんだなって思ったんです。

　もし間違った理解をしていたら、思い切って **I thought you said...**（〜と言ったのかと思ってました）みたいに、自分の間違いを正直に告白してしまえばいいんです。間違いが元で、話題が広がり、それが人間関係を作ってくれることも大いにあります。

シンプルアドバイス

1. どのような話題でも「自分はどう思うか」をハッキリ示す。
2. 話題は自分から持ち出したほうが、会話に乗り遅れないのでラク。
3. 間違えても大丈夫。間違いで盛り上がることもある。

INTERVIEW 30人に聞く

スモールトークを乗り切るコツ 12

プライベートを聞き出し、相手の情報をエクセルで整理

小林いづみ（外資系IT企業 人事担当）

2000年にマイクロソフトに入社。入社以来、組織・人財開発の多様な経験を積み、現在HRマネージャーとして、部門人事全般業務に従事し現在に至る。2007年に短期アサイメントで米国本社にて勤務。直属の上司は、日本人の他、アメリカ人、インド人、フランス人（現在）を経験。

◤ 苦い経験があったからこそ、今はトークが楽しめる

—— いつから英語を使って仕事をしているのですか？

　私が英語を使って仕事をするようになったのは今の会社に転職してからです。転職後数年してアメリカ本社で仕事をする機会があり、アメリカ人の上司の自宅に招かれて会話ですごく困ったのを覚えています。上司には日本のアニメやゲームが大好きな息子さんがいて、その息子さんが日本の話題なら話が弾むと思ってアニメやゲームの話題を振ってくれたんです。でも、私はアニメの名前もキャラクターの名前も全然知らなくて、その場では会話はほとんどできませんでした。あれから何年も経ちましたが、今は会話を振ってくれた相手の興味にズバリ答える回答ができなくても、相手の興味に近いテーマで自分でも話せる話題に持っていければいいんだと思えるようになりました。

—— 仕事上で、スモールトークをするときの注意点は？

　基本的に私が英語でコミュニケーションをとるのは仕事関係ですが、ビジネス以外の話題もよく持ち上がります。例えば初対面の人で、相手が日本に来ている状況であれば、**How do you like Japan?**（日本どう？）とか、会っている場がパーティー会場などであれば **Did you have any trouble finding it?**（ここまで来るのに問題なかった？）などと話しかけます。そうすると、日本の電車の話題になって、「日本の電車って時間に正確だよね」とか「あなたの国ではどう？」といった話題につながって話も弾みます。

　会話のきっかけは、電車のように自分自身から遠い話題でも、話を進めていくうちに自分の出身地や趣味、家族構成についての話が出てくるので、私は特にそういった相手個人の情報を小まめに覚えておくようにしています。例えば

相手に子どもがいるという情報をキャッチできたら、次に会うときには **How is your son doing?**（息子さんはどう？）のように会話で使うことができます。そうすると、相手は息子さんに関する返事をしてくれるので、その返事からさらに次の話題を見つけたり新しい情報を蓄積することができるんです。

—— 何かコツはありますか？

私が最初アメリカに仕事で３カ月滞在したときには、初対面の人も多く、全員の趣味や家族のことを覚えていられなかったので、**Excel** を使って、①その人と会った日、②名前、③家族構成とメンバーの年齢をまとめていましたね。会話の中では **your husband** とか、**your son** と表現するのではなく、一度名前を聞いたらそれを覚えておいて使うようにするということは特に気を使っていました。これをするようになって、スモールトークが楽になりましたし、スモールトークによって相手との距離を縮めることができたと思います。

海外の価値観を事前に理解しておこう

—— 相手のプライベートを話題にするとき気を付けていることはありますか？

日本でも最近は比較的オープンになってきていると思いますが、例えばシングルマザーだったり離婚歴があったりしても、外国の人ってサラッと会話の中で言うんですよね。でもそのことについて話してくれたということは、**NG** トピックではないんだと私は理解して、そういった事情を踏まえた会話もあえてするようにしています。相手がシングルマザーと教えてくれた場合には、**How do you manage your time between work and home?**（家での時間と仕事の時間とどうやってうまく調整しているの？）とか、**Who takes care of your kids while you are at work?**（あなたの仕事中は誰が子どもの面倒をみているの？）などと聞きますね。また、私の職場では **LGBT*** についての教育もしっかりされていて、性的少数者についての理解も進んでいます。多様な人たちとコミュニケーションをとるのは珍しいことではありません。ですので、こういった多様性を重んじる価値観についても事前に理解しておくことは大切だと思います。

***LGBT:** 女性同性愛者（**lesbian**）、男性同性愛者（**gay**）、両性愛者（**bisexual**）、性同一性障害などを含む性別越境者（**transgender**）の総称。レインボーカラーがシンボルとなっている。

30人に聞く スモールトークを乗り切るコツ 13

雑談で壁の花にならないための3つのコツ

川本佐奈恵（英会話スクール English Time オーナー）

英会話スクール English Time 代表。NPO 法人 TOKYO FREE GUIDE 理事長。早稲田大学オープンカレッジ講師。Teyl-JAPAN ジュニア英語プロ養成講座専属 Tutor。

◤ 雑談では、完璧な英語を話そうと思わない

　比較的英語が話せる方でも、「プレゼンテーションはできるけれど、スモールトークになるとどうも……」という方っていらっしゃいますよね。私は逆ですね。スモールトークのほうが断然、気が楽です。というのも、スモールトークのほうが完璧な文章を話さなくてもいいですから。おそらく「スモールトークよりプレゼンのほうが得意」という方は、雑談でも完璧な英語を話そうとしているのではないでしょうか。それが大きな間違いですね。まず、「間違った英語を話したら恥ずかしい」というプライドを捨ててしまいましょう。

　恐れずに、「かっこ悪い英語」をどんどん話しましょう。日本語を習っている外国人が、覚えたての日本語の単語を並べて話したとして、私たちも特に不快には思わないし、何となく相手の言わんとする意味はわかるでしょう。英語の場合も同じです。例え、単語を並べて話したとしても、相手のほうが、「それはつまり、こういうことが言いたいの？」といった具合に正しい文章を作って話してくれます。そうなったら、しめたものです。スモールトークでは、ひとことでも言葉を発した人の勝ちです。間違うことを恐れず、「かっこ悪い英語」をどんどん話しましょう。

◤ 雑談では、相手が言った言葉を繰り返す

　スモールトークについて、ビギナーの生徒さんに私がよく話すアドバイスが、「相手が言った言葉を繰り返す」という作戦です。というのも、ネイティブ・スピーカーとのスモールトークではたいていこちらが聞き手に回ることが多いわけです。ですから、トピックは相手の話の中にあると思ってください。

「週末は出かけるんだ」と言われたら、「週末ね」と相手の言葉を繰り返してあげるだけで、会話というものはどんどん転がっていきます。**And then?**（それで？）のような言葉をときどき会話の中にはさみこんであげるのもいいでしょう。

英語で話すことに少し自信がついてきたら、全部は聞きとれなかったとしても、自分がキャッチできた情報だけでも、相手の言葉を繰り返して話してみてください。

また、わからない点は曖昧にごまかさず、はっきり「わからない」と言って伝えてしまいましょう。「簡単に説明して」、「ゆっくり話して」、「それって、つまりこういう意味？」、「今、何のトピックについて話しているの？」などを英語で言えるようにしておくとよいです。話題についていけなくなったとき、会話の流れを止めてでも質問してください。そのように自分が引っかかっているポイントをクリアにして、「自分も会話に加わりたい」という意思表示をはっきり示すことが大事です。逆にずっと黙っていると、「この話題に興味がないんだな」という風に受け止められてしまう恐れがあります。

もちろん話題がさっぱりわからないとき、話している話題に興味がないときは、その会話に加わるのを思い切ってあきらめることもときには必要でしょう。

こちらから話題をふるときは、旅行や映画の話を！

「どうしても自分から話題をふりたい」場合は、旅行や映画、趣味やスポーツといった話題をふるのが無難です。やはり政治や宗教の話題は避けたほうが賢明です。親しい間柄なら、家族の話を持ち出してもよいでしょう。

こうした話題は中学英語でも十分、話せます。あらかじめ用意して、英語で言えるようにしておくとよいでしょう。無理して、ジョークのような小ネタを用意する必要はありません。自然体でいきましょう。携帯電話に保存した写真を見せながら話すと、多少英語が間違っていたとしても、十分意味は通じるのでおすすめです。

シンプルアドバイス

1. 雑談で、完璧な文章を話そうと思わない。
2. 相手が発した言葉を繰り返す。わからない点は質問する。
3. 携帯電話に保存した写真を見せながら、旅行や映画について話す。

スモールトークを乗り切るコツ 14

自分のことを話して水を向け、相手が話しやすい雰囲気を作る

上原雅子（神田外語大学英米語学科講師）
TOEFLプログラム担当。早稲田大学非常勤講師。大学のほか、留学予備校、語学学校、社会人セミナーなどで、1000人を超す学生、社会人にTOEFLの指導をしてきている。主な著書に『最強のTOEFL iBT入門』（コスモピア）がある。

相手の言うことを間違いなく聞き取る

―― スモールトークを意識するようになったきっかけはありますか？

　主人の転勤についてアメリカ、イギリスに行って、パーティーなどの機会が増えたのがきっかけです。相手の言うことが間違いなく聞き取れるようになったことが大きかったと思います。行った当初は、すでに英検1級は持っていて、教えたりもしていましたが、相手の言うことの内容、意図がすべては理解できていなかったと思います。

―― どんなテーマを選ぶことが多いですか？

　初めて会う人の場合は、次のようなテーマです。

- 天気、そこまでの道すがら出会ったこと
  例：**It's been quite cold for this time of the year.**（この時季にしてはずいぶん寒いですね）
- 週末に何をしたか・何をする予定か
  例：**We are planning to do ... this weekend. How about you?**（私たちはこの週末……をする予定です。あなたは？）
- パーティーの場合、主催者とのつながり
  例：**I've known John through work but how did you get to know him?**（私はジョンを仕事を通じて知っているのですが、あなたはどういうお知り合いですか）
- 相手を褒める（着ているものなど何でも気づいたこと）
  例：**Your ... looks very nice on you. Where did you get that?**（……がとてもお似合いですね。どこで手に入れられたのですか）などと言ってそこから会話を広げられるようにする。

> ・共通項を探す（旅、現在興味を持っている事柄、最近の話題、現在している仕事など。この場合も必ず自分が何に興味を持っているか話してから質問をする）
> ・スポーツ
>   例：**Did you see the football game last night?**（昨晩のサッカーの試合を見ましたか）など。突然相手の好みを聞くのは失礼）

　会ったことのある人の場合は、互いの共通項について話します。
　集まる人数が少ない場合には、事前に相手の略歴などを調べておくと話題作りに役立ちます。

―― **意識して避けるようにしているテーマはありますか？**

　深刻な話題は避けます。特に、相手の国のことで悪いニュースには、相手が話題にしてこなければ触れません。また、日本のよいところをこちらから話題に出すことも避けています。自分では日本のことを単に説明しているつもりでも、日本賛美に聞こえてしまうことはありますから。

―― **沈黙回避用に持ち出す話題はありますか？**

　自分のことを話して水を向けて、相手が話しやすい雰囲気を作ります。スポーツ、家族のこと（例：**I have a son who left for college last week...**[先週大学に進学して出て行った息子がいます]）や、健康維持に関しては話題にしやすいと思います。

わからないときには、すぐに質問をする

―― **ネイティブ同士が話し始めたり、話題の内容がわからなくて話について行けなくなったときはどうしますか？**

　パーティーでしたら、即刻、会話から抜ければいいのですが、それ以外では、私が話題についていっていないことを理解してもらわなければ困るので、すぐに、**Do you mean ...?**、**Could you say again?**、**Did you say ...?** などと「念押し」の質問を挟みます。わかっていないことをすぐ意思表示しないと手遅れになりますから。そのためにも、わかっているときには、あいづちを打つことで、わかっているというシグナルを送ることが大事です。

スモールトークを乗り切るコツ 15

最初は受け身の姿勢で情報収集を

戸谷比呂美（放送通訳者）

1988年よりNHK衛星放送で放送通訳をはじめ、英語のニュースの通訳、ドキュメンタリー番組の翻訳・字幕制作や番組制作のための通訳・映像翻訳・編集作業など、幅広く番組制作に携わる。1992年よりNHK国際研修室の通訳・放送通訳養成講座の講師を勤める。

自分のバックグラウンドから話題が見つかることも

—— 普段はどんなときに外国の方とスモールトークをする機会がありますか？

　放送通訳の場合は、外国人と一緒に仕事をすることはほぼありません。通常の通訳ですと、自分は通訳者で相手がクライアントという関係になりますが、1日中クライアントと行動をともにすることも珍しくないんです。例えば講演があって、そのあとにレセプションがあるとしたら、レセプション会場までの移動の車の中などですね。

　外国から来た人だと、日本について聞きたいことがいろいろとあるようで、お子さんが好きだというポケモンについて聞かれたこともあります。でも、一番よく聞かれるのは How did you study English?（どうやって英語を勉強したのか）ですね。

—— その質問には、どんな風に答えていますか？

　そうですね、In my case, when I became an adult, I went to an interpreter school and became an interpreter.（私の場合、大人になってから通訳学校に通って通訳になったんです）と答えます。すると、「おお、すごいね」とか言われて、いろいろ質問されるという感じです。通訳になったのも、結婚してから主人の仕事でアメリカに1年滞在することになったのがきっかけで、それまでは英語で話すという経験はほとんどありませんでした。

—— それで、どうして通訳になろうと思ったんですか？

　アメリカの次にフィリピンで2年ほど暮らすことになったんですが、海外生活を通じていろいろな国の人と話すことが楽しいと感じたんです。それで、

日本に戻ってきてから通訳学校に入りました。こんな風に、通訳になった自分のバックグラウンドを説明しているうちに、共通の話題が見つかることが多いですね。例えば、**I've never been to the Philippines, but is it hot?**（フィリピンって行ったことないんだけど、暑いの？）と質問を受けたり。

困ったら相手が話題に出したことについて質問する

―― スモールトークが苦手という人にアドバイスをお願いします。

初対面の相手であれば、最初は受け身になって相手が話すことを聞きながら、情報を収集してみてはどうでしょうか。それで、出てきた情報から自分が話せそうな話題を選んで、そのことについて質問してみるのがいいと思います。

ただし、あまりプライバシーに関することに踏み込むのは避けたほうがいいでしょう。例えば、相手が **I have a son in elementary school.**（自分には小学生の息子がいるんです）と言ってきたら、**How old is he?**（おいくつなんですか）と聞くのは問題ないと思います。相手から「息子がいる」という情報を出してくれたわけですから。ですが、相手が自分の家族のことを何も話さないうちから **Do you have any children?**（お子さんはいらっしゃいますか）のようなことを聞くのはやめたほうがいいでしょう。

―― 話題に困った場合は？

外国から来た人で初対面であれば、**Is this your first time to Japan?**（日本は初めてですか）とか、**Where are you staying?**（どちらに宿泊されていますか」とか当たり障りのないことについてまずは聞きます。

あとは、旅行の話などはいいと思います。**What countries have you been to so far?**（いままでにどんな国に行ったことがありますか）や **What place have you visited that is good for travel?**（旅行で訪れた場所でどこがよかった？）とか、**If I were to travel to a foreign country, where would you suggest I go?**（これから海外旅行に行くとしたらどこがおすすめ？）など。

あとは、さっきの私のケースと逆に、**Why did you take up this job?**（どうして今の仕事に就いたの？）とか **What brought you to Japan?**（なんで日本に来ることになったの？）などと聞いてみればいいのではないでしょうか。そうしたら、共通の話題が見つかるかもしれませんね。

30人に聞く スモールトークを乗り切るコツ 16

ネイティブ同士の会話に入るには練習が必要

神崎正哉（神田外語大学講師）
東京水産大学（現東京海洋大学）海洋環境工学科卒。テンプル大学大学院修士課程修了（英語教授法）。主な著書に『新 TOEIC® TEST 出る順で学ぶボキャブラリー990』（講談社）、『TOEIC® TEST 新形式模試 はじめての挑戦』（共著、IBC パブリッシング）などがある。

▶ いきなり「結婚してる？」と聞かれたことも

—— ロンドンの語学学校に留学されていた経験があるそうですが、学生とはどんな会話をしていたんですか？

やっぱり自己紹介から始まって、**How long are you going to stay here?**（どれくらい滞在するの？）とか **Where do you live?**（どこに住んでいるの？）といったことですね。

当初はホームステイ先から学校に通っていたんですが、そこのおばさんが話好きだったので、彼女から聞かれたことに答えるのがいい会話の練習になりましたね。**Do you have any brothers or sisters?**（兄弟はいるの？）とか **What did you do in Japan?**（日本ではどんな仕事をしてたの？）といった感じで。こちらから話しかけるとしたら、**I'm looking for a laundry. Where can I find one?**（コインランドリーを探しているんだけど、どこにある？）といった実用的なことですね。

—— ロンドン滞在時、初対面の人から話しかけられるという経験はありましたか？

イギリス人はどちらかといえば保守的ですが、顔を見合わせたときにするのはやっぱり天気の話ですね。**It's a nice weather, isn't it?** とか **It's very cold, isn't it?** とかの定番の表現はよく使いました。

相手がゲイの場合、いきなり **Are you married?**（結婚しているのか？）と聞かれることがあります。その場合は、**I'm not married, but I have a girlfriend.**（独身だけど彼女がいるよ）と答えるようにしていましたよ（笑）。

旅先のユースホステルでは、**Were are you going?**（これからどこへ行くの？）とか **I went to the Giants' Causeway and it was amazing!**（ジャ

イアンツ・コーズウェイってすごかったよ）といった情報交換が主な話題になりますね。**Are you free tomorrow? Why don't we go somewhere together?**（明日ヒマ？　じゃあ、一緒にどこか行く？）という感じに発展していくこともありました。

図々しく話題の共通項を見つけにいく

—— ネイティブ同士が話していて、話に入っていけない場合はどうしますか？

そういえば、そのための練習をやりましたよ。今年の春にフィリピンにある **Brighture**（ブライチャー）という英語学校に1週間ほど行っていたんです。そこの授業で **Social Conversation** というものがあって、懇親会のような場でネイティブ同士が話しているところに入っていく練習をやりました。どうしてそんな練習をやるのかというと、この学校の経営者が元アップルのシニアマネージャーだった松井さんという方で、彼がアメリカの大学にいたときに話に入っていけなかったという体験があるからだそうです。

—— どんな感じの授業だったんですか？

例えば、最近見た映画についてネイティブ同士が話しているとしたら、その映画は見たことがなくても、登場している俳優が出ていた別の映画は見たことがあるよといったことを言って、会話に入っていくわけです。だから、お互いに共通していそうな情報を拾っていくという姿勢が大切ですよね。この語学学校があったのはセブ島なんですが、セブ島に行くのにタクシーでマルセロ・フェルナン橋を渡るんです。タクシーの運転手は、日本人を乗せているとわかると **The Japanese government built that bridge for us!**（あの橋は日本の政府が作ってくれたんだよ！）と必ず言ってきます（笑）。これも、日本という共通項を話題にしているわけですよね。

—— 共通項が見つからない場合はどうしますか？

ある程度の図々しさがあってもいいと思うんです。**Where are you from?** と聞いて、**I'm from Spain.** と言われたときにスペインに行ったことがなかったら、**I've never been to Spain, but I went to Portugal.**（スペインには行ったことないけど、ポルトガルなら行ったよ）と言ってみるとか。

30人に聞く スモールトークを乗り切るコツ 17

ジョークを
ストックしておこう！

山口西夏（書籍翻訳）
30代のときイギリスで3カ月英語の勉強をしたのちアメリカの大学院でコミュニケーション学を専攻し、ニューヨークで数年働く。40代のときハバナ大学（キューバ）でスペイン語を学習。
滞在歴：アメリカ（合計5年）、イギリス（合計4カ月）、キューバ（1～3カ月×十数回）。

▎ジョークは雑談の活性剤

—— 雑談がこなせるようになった大きなきっかけはありますか？　あるとしたら、それはどんなきっかけですか？

　日本語でも英語でも、一般におしゃべりで人見知りをしない人は雑談の仲間入りをするのが苦ではないと思います。私はまさにそうした性格なので、自分の語学力の足りなさを気にせず、どこの国に行っても、初めて出会った人たちとの会話を楽しんできました。そして、外国では自分は外国人なのだから、その国の言葉が上手に話せなくて当然と考えながらも、長い間、ほぼ「聞き役」として雑談に加わっていた私が「聞かせ役」になったターニングポイントがあったとすれば、それは、自分で見つけた英語のジョークをネイティブといっしょに楽しめるようになったころでしょう。

—— 国、宗教、男女、年齢などで選ぶのに気をつけている話題はありますか？

　相手のことがある程度わかるまでは、宗教、人種、政治、セクシュアル・オリエンテーション、結婚歴に関わる話題はたとえジョークであっても口にしないようにしています。年齢は自分が聞かれたら答えて、ついでに相手の年齢を聞くことはありますが、年齢は日本人が相手のときほどには人づき合いに影響しないので、無理に知る必要はないと思っています。

—— ネイティブ同士が話し始めたり、話の内容がわからなくて話についていけなくなったりしたときはどうしますか？

　わかっているふりをしたりせず、話の流れについていけなくなる前に **Do you mean...?**（それって～ということなの？）と尋ねます。こう尋ねたほう

が、**I beg your pardon.**（もう一度、言って）と頼むよりも話の流れをさえぎらずにすみます。

――日本に関する話題を取り上げるとしたら、どんな話題が話しやすいですか？

　雑談の場合は堅苦しい話題は避け、軽めの題材を選びます。例えば、みっともない政治家の話、あきれるほど融通のきかない店員やウェイトレス、ウェイターのこと、交通費や通信費の高さ、家でも社会でも個人としてよりも役割を生きる日本人についてなど。

――ストックしておくとよいおすすめの話題はありますか？

　なんといってもジョークです！　英語のジョークを集めたサイトには日本語に訳しても面白いものが多いので、ときどき目を通してネタを仕入れておきます（サイト例：http://www.short-funny.com/new-jokes.php）

●罪のないジョークの例：

What do you call a woman who always knows for sure where her husband is?
A widow.

自分の夫がどこにいるのかいつも確実に知っている女性のことを何と呼びますか。
答え：未亡人

Short Funny.com

英語でリアクションする技を習慣にする

――ほかにご自身の経験から、スモールトークについてアドバイスなどありましたら教えてください。

　インターネット、テレビ、ラジオ等で情報を得るとき、それに対して英語で反応してみましょう。たとえば、ネットで料理のレシピを読みながら **"OK, I boil this for... wow, thirty minutes! That's loooong!"** と叫んだり、テレビのニュースを見ながら **"I'm so sorry they're still suffering from the aftermath of the earthquakes in Kumamoto."** などとつぶやくのです。そんなことを続けていれば、ネイティブを前にしたときも英語による感情表現が自然にできるようになるでしょう。

30人に聞くスモールトークを乗り切るコツ 18

海外旅行ならではのスモールトーク術

佐藤まりあ（SSS英語多読研究会副理事長・会社社長）

英語でのビジネス経験はありませんが、趣味の海外旅行の訪問先は十数カ国。また、孫のお守で香港滞在6カ月ほど。英語不要の仕事をしていますから、海外旅行先での会話に絞ってお話しさせていただきききます。

◀ 観光客という共通点を活かしてみよう

—— 雑談をするときによく選ぶテーマは？

　旅先で一日観光のツアーバスに乗り合わせる人や、入場待ちの長い列に並んでいてしばらく隣り合わせる人に無言でいるのって気恥ずかしいですし、つまらないですね。**It's such a nice day today, isn't it?** とかスモールトーク実例集の鉄板ネタ「お天気」で話しかけてみましょう。商談の前やパーティー会場では平凡すぎるかもしれませんが、旅先なら天候は重要な要素ですからこれでしばらく盛り上がれます。その後は **I'm from Tokyo, Japan. Where are you from?** とか少し踏み込んでもよい雰囲気を作れるでしょう。

—— 意識して話題には選ばないテーマはありますか？

　旅先での会話では、相手が特に興味を示さない限り日本のことよりもいま訪れている国のことを話題の中心にします。夜は「ミュージカル／コンサート／スポーツの試合（その地域で人気の娯楽）にいらっしゃいますか？」「チケットがとれたら是非行きたいところですが、入手が難しいですね」などの会話から、「あら、こうすれば取れたわよ」と貴重な情報をゲットしたこともあります。

—— 話題に困ったとき、沈黙回避用に持ち出す話題はありますか？

　「これまで（これから）どこを回った（回る）の？」とか、「何を食べましたか？　美味しかったですか？」などの質問。
Where are you planning to go today? 今日はこれからどこをまわるの？
Where have you been so far? これまでにどんなところに行きました？
What did you have? Did they have any good local food? Was it

good? なにを食べましたか？　名産でおいしいものはありましたか？　おいしかったですか？

―― 日本に関する話題を取り上げるとしたら、どんな話題が話しやすいですか？

　Lonely Planet Japan など、英語で書かれた日本の観光ガイドブックを読んでおくと、外国人のたいがいの日本についての質問に答えられるようになれます。

▶ Lonely Planet Japan 14
出版社 : Lonely Planet; 14 Fol Pap 版 (2015/8/15)
外国人向けに出版されている日本観光ガイド（洋書）。日本観光する際のヒントや各観光スポットの地元情報などが細かく掲載されている。

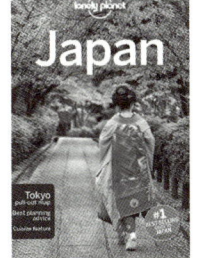

自分の身を守るためにも英語で返答できるように

―― ご自身の経験から、ほかにも旅行先での会話についてアドバイスなどありましたら教えてください。

　せっかくの海外旅行、現地の人と触れあう機会が欲しい、と願う人が少なくないようです。アメリカでは、個人経営のような小さなお店で買い物するとお店の人がいろいろと話しかけてきて次のお客さんが入ってくるまでおしゃべりが続く、ということが何度もありましたけど、英語圏以外の国では英語で交流できるのは海外からの観光客がほとんどでした。タクシー運転手にこれからの観光予定などを聞かれることはありましたが、単なるスモールトークではなく、どこかに案内するとか、貸し切りで使ってくれなどのしつこい売り込みだったということもありました。そういうときは「現地人の友人がいて今夜はいっしょに食事する」とか「ここに何年か住んでいる家族に会いに来ている」など地元との結びつきがあることを話題に織り込んでおくと断る口実が作りやすくなりますね。どうしても現地の人との会話を楽しみたいなら、大学生とわかる人に話しかけてみると会話が弾む確率が高くなるでしょう。また東南アジアで日本人と知って日本語で話しかけて来る現地人は、非合法賭博に誘ったり無価値な宝石を売りつけたりする人もいるので注意が必要ですね。こういう場合は英語で返答することがおすすめ。警察では英語が通じるので、彼らは英語の話せる観光客を避けます。旅先でのスモールトークでは、身を守ることも意識している必要があります。では、よい旅を！

30人に聞く スモールトークを乗り切るコツ 19

自分のことを交えて話す、相手について知っておく

堀 浩之（東京すしアカデミー特別英語講師）
1983年生まれ、長野県出身。株式会社Peace Factory代表取締役社長。2007～11年NYの有名鮨店に勤務。http://www.peacefactory.co.jp/

◀ 雑談のとき、質問ばかりしていませんか？

　結論から言うと、スモールトークにおいても**自分のことを簡単な英語で説明できるようになるべき**だと思います。なぜなら、スモールトークの基本パターンを考えたとき、①当たりさわりのない話から始まり、②自分のことを説明し、③相手に質問するという流れになるからです。

　「スモールトークのときは、相手に質問しよう」というのはみなさんおっしゃるかと思いますが、私自身は2番目の「自分のことを説明」する段階が重要だと考えています。というのも、自分のことを何も話さないまま質問だけしても話がすぐに終わってしまいます。結果、すぐにまた次の質問をくり出さなければなりません。「どこから来たの？」、「年齢は？」、「結婚しているの？」といった質問を矢継ぎ早に重ねては、尋問か圧迫面接のようですし、避けたほうがいいでしょう。それは日本語で雑談をする場合を考えても同じはずです。

　私自身、ニューヨークに勤務していてまだスモールトークが苦手なころはやはり、質問をしてもすぐに会話が途切れてしまうという経験を何度もしました。そこで、逆に自分が質問されるときのことを思い出してみたんです。そうすると、相手の方は質問を交えながら、自分自身のことを話してくれることが多いなということに気づきました。

　ですから、スモールトークは上述のように、①当たりさわりのない話をする→②自分のことを説明する→③相手に質問するという流れで行うと上手くいくでしょう。実際に例を挙げてみましょう。

> Today is a very hot day, isn't it?（今日暑くないですか？）
> Actually, I'm from Nagano. Nagano is a cool place, so I can't stand a hot weather.（実は私は長野出身なんです。長野は涼しいところですから、暑い気候には耐えられませんよ）
> By the way, where are you from?（ところであなたの出身はどちらですか）

　同じく出身を尋ねるにしても、いきなり聞いては、一問一答ですぐに会話は終わってしまいます。逆に、上記のように軽い自己紹介を間にはさめば、会話の流れで答えればいいので質問される側も答えやすいはずです。上記の例で言えば「私も涼しい地方の出身なのでわかります」、「南国出身なので暑さには慣れっこです」といった具合に会話が発展していくでしょう。ですから、自分の出身地や好きなもの、日本文化について最低限、簡単に英語で紹介できるようにしておくとよいでしょう。

相手国の出身地や食べ物の情報を仕入れよう！

　多くの日本人学習者の方が、「自分は英語が話せない」から、「スモールトークなんてできない」と考えがちです。しかし、英語が話せないと主張する生徒さんでも、私が英語で簡単な質問をすると、簡単な英語で返せる方がほとんど。ですから英語力が足りないのではなく、**単純に話す話題がない**から会話が盛り上がらないのでしょう。

　日本人同士なら、年齢を聞いても、そこから同世代で子どものころに流行ったものや、世代間ギャップの話題へとつなげることができます。ところが出身国が異なる者同士となると、子どものころに見たテレビも何もまるで違います。

　ですから、話題を手に入れるためにも、相手の国や文化のことについてあらかじめ知っておくことも大事です。**What is your country famous for?**（あなたの国は何が有名ですか）といった聞き方で、日ごろから相手の出身国や文化についての情報をストックしておきましょう。そうすると、次回から出身地の話題になったときに「ネバダ州と言えば、〇〇で有名でしょ」といった話題を自分から出すことができます。ほかの日本人が知らないようなことを話題にすれば、「よく知ってるね」という驚きも加わって話がはずみやすいはずです。**出身地や食べ物に関する話題**は万国共通で盛り上がりますから、こうした情報を日ごろから仕入れておきましょう。

30人に聞く スモールトークを乗り切るコツ 20

相手のプラスになる
ひとことを添えてみよう

シェイン・ベルトン（ファンタムスティック株式会社代表取締役）

日本にあるインターナショナルスクール（イギリス系、アメリカ系）、日本と3つの文化の教育を受ける。大学卒業後は映像や3Dデザイナーとして長年携わり、2012年ファンタムスティック株式会社を設立。世界の子どもたちのための教育アプリを制作している。

▎相手の外見や服装から会話のつかみをゲットしよう

—— シェインさんはバイリンガルですよね。日本語でスモールトークするときと、英語でスモールトークをするときと違いを感じることはありますか？

　たまたま先日私の会社のオフィスにGoogleから視察チームがやってきたんですよ。日本のデベロッパーを見てみたい、ということで。視察チームはみんな英語で話しているのですが、そのとき感じたのは、日本人の視察チームと外国の視察チームとはやっぱり雰囲気が違うなということです。海外の人は、パーソナルな会話がしやすいですね。例えば、相手が結婚指輪をしていたらそのことに触れて会話が弾むとか、さらに子どもの話とか、ライフスタイル的なテーマで話がしやすいんです。ロックバンドのTシャツを着ている人がいたら、それを見て「○○が好きなんですね」と話しかけることもできますし。なんていうか、海外の人の場合って特に注意を払わなくてもその人の個性というかライフスタイルに関することを見つけやすいんですよね。

—— 日本人の場合はどうですか？

　日本の普通のビジネスマンってみんなスーツを着てて、同じ格好じゃないですか。だから特徴をつかみにくいというのはありますね。もし相手のかたがすごく日焼けをしてたら、「何かスポーツはしてるんですか？」なんて声をかけられるのですが、普通はあまり見分けがつかない印象です。だから自然と話のテーマも仕事の内容になってしまいます。

　僕の経験を振り返ってみると、自分の興味のあることで相手に話題を振るよりも、相手が興味のあることを見つけてそれに関する話題で話をするほうが、

スモールトークはしやすいですね。例えば、僕はスケートボードが趣味なんですが、自分のスケートボードの話題で話を掘り下げるのではなくて、「僕はスケートボードが好きなんですが、なにかスポーツはやっていますか？」のように相手についての情報を引き出すフックとして使うくらいがちょうどいいと思います。具体的には下記のような感じでしょうか。

By the way, I skateboard in the morning to keep fit. Do you do any kind of exercise? ところで、僕は健康のために朝スケートボードをするのですが、あなたも何かエクササイズはしていますか？

マネジメント能力にも欠かせないスモールトーク

―― 何かスモールトークについてのアドバイスがあれば教えてください。

新しい本ではないのですが、デール・カーネギーの『人を動かす』（**How to Win Friends and Influence People**）をご存知ですか？ この本はスモールトークなどを使って、相手にどう接すればいいのか、相手をどう巻き込んでいけばいいのかが書かれているので、スモールトークに強くなりたいという方にはおすすめです。僕も最近読んだのですが、とても参考になりますよ。

人を動かす（文庫版）
著者：デール・カーネギー
出版社：創元社

それから僕はよく起業家向けの本を読んだりするのですが、そこから得た知識としては、自分から「何かできることがあれば助けてあげるよ」という気持ちで声をかけることですね。ただ情報交換をするだけじゃなくて、**If you ever need to reserve a restaurant in Tokyo, so call me anytime.**（もし東京でレストランを予約する機会があれば、お手伝いできると思いますのでいつでもご連絡ください）のように、相手にとってプラスになるひとことが言えるように僕も見習おうと思いました。こうすることで、相手も「じゃあ僕も何かできることがあったら助けるよ」というようになり、お互いに助け合おうという感覚が芽生えると思います。こういった感覚をスモールトークのどこかに挟めるときっと全体的にプラスになると思いますよ。

スモールトークを乗り切るコツ 21

例えば距離はマイルに！
相手の文化に合わせよう

山崎隆二（IEE 代表）

80年代初めにアメリカへ長期留学。その後日本に戻り就職。その就職先にてアメリカ進出を計画・立案、1994年から現地法人の責任者として駐在。アメリカ滞在中は放送通訳、翻訳家として数々の番組に携わる。2006年に帰国した後も、常に英語を使う業務・仕事に従事している。

アメリカ人ならスポーツの話題は盛り上がる

—— ビジネスではスモールトークでどのような話題を選んでいますか？

　初めて会う人の場合は、名前から始まって出身地（州、有名なら都市名）や家族構成、大学や趣味の話をします。自分の場合は、**You're really good at English. Are you of Japanese decent?**（英語が上手ですね。日系人ですか？）と質問されるので、自分のバックグラウンドについて話すことはよくありますね。

　会ったことのある人の場合は、ここ最近の状況や環境の変化に関して会話をスタートします。例えば、出世したとか、起業したとかですね。**It has been quite a while since I last saw you. Is there anything special going on in your life?**（最後に会ってから、結構経つよね。何か特別なことはあった？）のように聞いてみるといいと思います。それから共通の趣味があるならそれについて聞いてもいいですし、家族との付き合いがあればみんながどうしているかも知りたいですよね。

—— ストックしておくとよいおすすめの話題はありますか？

　アメリカ人であれば、それぞれの出身地のフットボールチームや野球のチームを応援しています。それぞれの都市のフットボールチーム、野球のチームの名前くらいは憶えておいたほうがいいかもしれません。例えば相手がピッツバーグの出身なら、**Are you following the Steelers?**（スティーラーズには注目していますか）のように言ってみるといいと思います。いずれにしてもスポーツの話題は盛り上がりますし、まず相手の気分を害することもありませんからね。

話しかけてきた相手に発音をチェックしてもらう

―― 選ぶのに気をつけている話題はありますか？

　宗教に関する話は相手が誰であろうと避けています。また、会社内や面接では男女、年齢での区別は差別とみなされ問題になりますので、絶対に避けるようにしていました。日本の企業ではそれほど問題ではない場合でも、アメリカ国内ではNGになってしまうことがあるんです。それと、宗教に関すること、政治に関すること（民主党支持なのか共和党支持なのかなど）やテロなどで犠牲者が多く出た事件などは会話のトピックとしては避けるべきものです。こちらがアメリカ人ではないため、発言が無責任からくるもの、偏ったものであると取られてしまいかねないからです。

―― 話題に困ったときに持ち出す話題はありますか？

　相手の趣味を聞き出したり、家族のことを尋ねたりします。ほとんどのアメリカ人が家族の写真を持ち歩いているので（いまならスマホの画像でしょうけれど）、それを見せてもらうことで話を広げることができます。

―― まったく興味のない話題になったときどうしますか？

　It's not my cup of tea.（自分の得意分野ではありません）などと言って、乗り気ではない旨を伝えます。正直になることが肝要です。あと、ジョークがわからなくて笑えなかった場合は、笑いのポイントが違う人と捉えられる可能性が高いと思います。ジョークについては、**I want to use that later, so please tell me.**（次に使ってみたいから教えて）と言えば、教えてくれますよ。

―― スモールトークでの注意点やアドバイスは何かありますか？

　アメリカ人が相手の場合、温度はファーレンハイト、距離はマイルになるなど、単位が違うのでそこは注意する必要があります。私の知人で換算表を持っている人がいましたが、それなりに準備しておくに越したことはありません。天気の話題になって「今日は暑いですね。30度くらいありますか」と摂氏で言っても相手はピンときませんので、**It's in the lower nineties (degrees).**（90度くらいありそうですね」のようにファーレンハイトに換算したほうがいいでしょう。相手の文化に合わせようという心遣いが大切です。

30人に聞く スモールトークを乗り切るコツ 22

タブーを避けるよりも相手と盛り上がる話題を！

松原亜沙子（観光局フィルムコミッション勤務）

大学在学中、1年半アメリカへ交換留学。卒業後、観光ガイドブック制作の出版社にて海外情報部勤務、アジアオセアニアを担当し、年に3～4回海外出張。その後、青年海外協力隊にてモロッコへ2年赴任したのち、現職に至る。年に3～4回海外出張あり（アジア、ヨーロッパ等）。

政治・宗教ネタは教えてもらうという態度で

—— 雑談がこなせるようになった大きなきっかけはありますか？ あるとしたらそれはどんなきっかけですか？

文法の間違いなど気にせず、単語単語でも話すようにしました。英語学習の素材ではニュースや政治などの文章がよく出てきますが、会話ができるようになるためにはまず自分の好きな分野についての雑誌やネットサイトを見るなどして、自分の好きな分野、得意な分野を作るとよいと思います。日本語でも、何か得意分野や趣味、関心がないと会話が盛り上がらないように、言葉に関係なく、自分の中に引き出しをたくさん作っておくといいと思います。そうすると楽しくインプットができるし、アウトプットする際も積極的になれるはずです。

—— 国、宗教、男女、年齢などの要素で選ぶのに気をつけている話題はありますか？

政治、宗教。こちらの価値観や思い込みで話さないようにしています。このトピックになった場合、相手の出身国の政治や宗教について教えてほしいといった態度で、また、相手の言っていることを絶対に否定しないで、まず肯定してから、自分の意見や質問を言うようにしないと収拾がつかなくなった経験があります。

—— 意識して話題には選ばないテーマはありますか？

政治、宗教は避けます。日本は若者同士であまり政治の話はしませんが、海外では、結構白熱した議論になることもあります。自分がきちんと日本の政治を説明できないのでこの話題は自分から振ることはほとんどありません（日本

30人に聞く スモールトークを乗り切るコツ Part 2

—— **話しやすい話題はどんなものですか？**

いろいろな国の人と話しましたが、やはり食事や文化についてですね。食事の話題についてムスリム以外はあまりわからないのですが、ムスリムを例にすると、豚肉は絶対タブーかつ、食べるというと本当に気持ち悪そうにされるので、話題に出さないようにしています。食べるかと聞かれたら、食べると言うけれど、あえて話をそらすようにします。「豚肉は食べるけど、日本人は魚のほうが…」とか、鶏とか牛の料理の話をする。食事をいっしょにする場合、ベジタリアンやビーガンレストラン＊を事前にリサーチしておくととても便利だと感じました。タブーより、その国ならではの料理、おすすめの一品など、「相手が盛り上がる方向へ持っていくスキル」を磨くといいのかなと感じています。

ハラールの文字。
マークやスタイルは様々だが、ハラール食品には左記の文字が印字されている。
【イスラム教で非合法とされている食べ物】
・犬と豚
・アルコールを含む食品、または飲料
・遺伝子組み換え食品　など
イスラム教徒が安全に口にできる食品を認定するしくみとして「ハラール認定」がある。上記以外の食品でも製造・加工の過程でハラール認定以外のものを使用していると非合法としてみなされる。

—— **ご自身の経験から、ほかにスモールトークについてアドバイスなどありましたら教えてください。**

話せるようになるには本当に、口に出して話すことだと思います。単語だけでも意外に通じるし、逆に自分が言っていることを「つまりこういうこと？」と聞き返してくれるので、こう言えばいいんだ、とわかる場合もあります。黙っていると、中身のないつまらない人と思われてしまうので、とにかく話す。また、話さないと、発音も上達しないし、日本語と使う筋肉が違うので、とにかく話すことではないでしょうか。本当に語学学習は口周りの筋トレじゃないかなとつくづく思います。

＊ビーガン（**vegan**）：ベジタリアンの一種で、中でも特に制限が多い。ベジタリアンは、卵や乳製品を食べるのに対し、ビーガンはそれらも一切口にしない。

Interview

30人に聞く
スモールトークを乗り切るコツ **23**

英語力の前に自分について よく知っていることが大切

福田聡子
(グローバル・エデュケーションアンドトレーニング・コンサルタンツ (株) 専務取締役。エグゼクティブディレクター)
「グローバル＆自立型人材育成」をミッションとし、企業向け人材育成プログラムの企画・開発・コーディネートを手掛けている。

▌相手との共通のゾーンをできるだけ早く見つけること

—— スモールトークについてどう思われますか？

　自分はスモールトークがまだ十分とは言えません。そして、もともとは得意ではなかったですね。相手の英語の質問に対してまじめに100%の答えをしなければならないと思っていたところもあって。ただ、スモールトークは相手との話題の共通のゾーンをできるだけ早く見つけることで、相手との距離を縮めることが大切なんだと思うようになりました。

—— どんな話をされますか？

　よく選ぶのは旅行とか、食べものの話とか多くの人にとって楽しいと思える話題でしょうか。それと、自分について話すとなったときは、私自身がスポーツが好きでトライアスロンをやっているのでその話をすることが多いですね。私自身はそんなにストイックに追い込んでやっているわけではないですが、話のネタにはもってこいです。相手も知らないので驚きをもっていろいろ質問してもらえるようです。また、私は今の会社を起業したのですが、「女性で起業」というのは話題のキーフレーズになることが多いですね。

▌自分の身の周りのことは話せるようにしておく

—— おすすめの話題はありますか？

　自分の身の周りのことは話せるようにしておいたほうがよいと思います。特におすすめするのは、マイストーリーを作ることです。自分についてそんなに汗をかかなくても話せるように、まずは20個はトピックを用意します。

My work（私の仕事）、My colleague（私の同僚）、My project（私のプロジェクト）、My family（私の家族）、My hometown（私の故郷）、My hobby（私の趣味）、My motto（私のモットー）、My philosophy（私の哲学）などです。長さは5～6行程度からでかまいません。例えばMy hometownだったら、最もシンプルな形であれば、I'm living in Meguro now, but originally from Mitaka. Mitaka is a surburb of Tokyo. It's a good environment. There isn't so much to do. But there is a hot spring there.（今は目黒に住んでいますが、もともとは三鷹出身です。三鷹は東京の郊外です。環境はいいです。することは多くはありませんが、温泉があるんです）などでしょうか。Where are you from？と聞かれてI'm from... で終わるのではなくて、出身地についていかによい場所なのかがわかるように、楽しそうに語れるように練習しておくのです。そして、上の例のように「三鷹に温泉がある」という意外なネタも入れておくことで相手の反応が違ってくることもありますよ。

会話のなかで情報を提供するという意識が大切

―― 日本人はどうしたら英語でスモールトークができるようになるでしょうか。

　日本人の姿勢として、会話の中で相手が質問をしやすくなるように自分についての情報を提供するという意識を持つことが必要だと思います。日本人同士だと、聞かれたことについてしか答えず、よけいなことは話さないことが美徳のように考えられている場合があります。また雑談レベルでは自分をアピールするような話は嫌がられる傾向があります。一方、欧米ではWhat's your policy?（あなたのポリシーはなんですか？）というようなことも普通に聞かれます。Why did you get into this job?(なんでこの仕事をするようになったの？) とか Why did you choose this profession?（なぜその職業を選んだの？）などwhyの質問をされるのです。そのときに日本では「そこは阿吽の呼吸で説明しなくてもわかるでしょ、聞かないで」ということもあると思います。でも、欧米では例えばただ「好きだから」だけではなくて「なぜ好きなのか」「ほかと比べてどうなのか」を話せたほうが相手に納得してもらいやすいのです。スモールトークは相手とよりよい関係を作るという意義もあります。自発的に情報を提供する意識を持つことで、ビジネス上でも話し合ってよりよいものを作っていこうという一体感が生まれると思います。

Interview

30人に聞く スモールトークを乗り切るコツ 24

最初は、ちょっとしたフレーズから

濱崎 都（ライター）
東京生まれ。中学卒業後に渡英。ロンドン郊外の寄宿学校を経て、ケント大学に進学。帰国後、語学教材出版社で編集者として働く。30歳を過ぎ渡米、ニューヨークの日本語新聞社で約3年間記者として働く。現在は東京で、主婦の傍ら英語指導、ライター、通訳などを行う。

◀ 天気の話題は、あいさつ代わり

—— 英語で会話をするようになったのはいつからですか？

　私は、15、6歳のころにイギリス留学しました。中学までは、そこそこ「英語が好きだ」と思っていたけれど、行ってみると、まったく話せない、何を言っているかわからない。「留学の選択を間違えたかな」と思いましたが、普通の女子高生らしく、音楽やスポーツなどについての、ちょっとしたフレーズから入り込んでいったように思います。好きな男の子について、**He's so cute!** と言っているのを聞いて、「カッコいい」とか「好き」というのに **cute** を使うんだ、とわかったり。そんな風に学びながら、だんだんこちらからも話せるようになりました。

—— スモールトークをするときに好んで話題にするテーマは何ですか？

　これは、英語、日本語を問わないと思いますが、天気など、本当に「どうでもいい」話題です。イギリス人の会話では、**It's so cold, isn't it? It's freezing.**（とても寒いですね。凍えそうですよ）が **How are you doing?**（お元気ですか）の代わりになります。こうしたところから、話のきっかけが生まれることが多いと思います。

—— 選ぶのに気をつけている話題はありますか？

　宗教については、関心があるので、失礼のないように注意しながら、質問します。同性愛については、隠し立てせず言ってくれる人が多いので、さほど気にしないで済みます。国については、あまり評判・イメージのよくない国の人と話す場合は、失礼のないよう気は使います。年齢については、年配の方に対

するときの言葉遣いには気をつけます。**Could you ...? Would you ...?** だとか、**I hope I'm not rude to say ...** といった言葉遣いですね。私は人種差別などの問題も話題にしますが、特にトラブルになった経験はありません。もちろん言葉は選びますが。

―― 話題に困ったときはどうしますか？

他愛もないことを話題にします。**When I was on the train this morning, there was a big guy who kept on talking to himself. It was a bit weird.**（今朝、電車に乗ったとき、ずっと独り言を言っている大柄な人がいたの。ちょっと気味が悪かったわ）とか。スマホで撮った写真を見せて、**This is ...** などと話のきっかけにするのもよいと思います。

私の印象では、アメリカ人は向こうから次々と話題を持ち出してくるのに対して、イギリス人は、ひとりでどんどんしゃべる人と、沈黙になっても気にしない人に分かれるように思います。

話の端を捉えて口を挟む

―― ネイティブ同士が話し始めて、話について行けなくなったときはどうしますか？

黙って聞き役に徹していることもありますが、話の端に私の名前や **Japan** などが出てきたのを捉えて、**Excuse me? Did you mention about me?**（ごめんなさい。私のことを言った？）とか **What are you talking about Japan?**（日本について何を話しているの？）などと口を挟んで話に加わることもあります。

―― まったく興味のない話題になったときどうしますか？

親しい間柄であれば、**Excuse me? I'm not keen on this topic.**（ごめんなさい。この話にはあまり興味がないの）とか **Can we change the topic?**（話題を変えない？）とか **It's getting boring.**（つまらなくなってきたわ）などと言います。そうは言えないあまり親しくない間柄の場合は、何とか話を合わせます。興味がないだけでなく無知な場合には、いろいろ質問をして、そこから話題を発展させていきます。

30人に聞く スモールトークを乗り切るコツ 25

「英語ができない」はスモールトークの障害ではない

アリス・カサハラ（英会話個人レッスン講師）

オーストラリア・パース出身。両親は日本人で、英語と日本語を話すことができるバイリンガル。2010年に来日し、現在は英会話の個人レッスン講師のほかに、原宿のアパレルショップでも働いている。

単語だけでも大丈夫！ とにかく発話してみよう

—— スモールトークをするときにどんな話題を選びますか？

　仕事のことはよく話題にします。カフェやレストランで話しているときだったら、そのお店やその近辺のエリア、そこから関連して食べ物の話だったり。それから、相手の出身を尋ねたりします。何回か会ったことがある人だったら、**What have you been doing recently?**（最近どう？）と近況を尋ねたり、**How was your weekend / day off?** などと話しかけます。オーストラリアでは、「週末に何をしたの？」と聞くのは、あいさつや習慣みたいなものです。基本的にみんな話すのが大好きなんです。

—— 日本人とスモールトークをしていて、困ることはありますか？

　相手が、あまり話してくれないときは困ります。双方が同じくらいのレベルで会話をできればいいですよね。同じレベルというのは、言語能力のレベルではなくて、発話の量が同じくらいという意味です。あなたが英語が苦手でうまく話せなかったとしても、単語だけでも発言していけば、相手はあなたの言いたいことを理解してフォローしてくれると思います。だから、英語ができるできないは、そんなに **barrier**（障害）ではなくて、もっと **personality**（性格）な部分が障害になってくるんだと思います。

—— スモールトークを弾ませるコツを教えてください。

　ポジティブな話題を提供することです。いい出来事が起これば、それを話題にするんです。例えば、サッカーの試合があって、あなたのファンチームが勝てば、そのことを話題にできます。負けたらわざわざその話題を持ち出さなく

てもいい。でも、もしあなたや相手が応援しているチームが負けて、その話題をしなくてはならない流れになったとしても、スコアのことや、負けたことについて触れる必要はありません。試合の内容自体を話題にして、広げたらいいと思います。例えば、**What did you think about the game?**（この試合、どう思った？）と聞いたり。でも **Oh, you lost!** と言ったり、**sensitive** すぎる質問やコメントは控えるようにしています。**comments**（批評）はときに難しいですけど、**compliments**（褒め言葉）はいつだって歓迎されます。

日本とオーストラリアの文化的な違い

―― ネイティブ同士が話し始めたり、話題の内容がわからなくて話について行けなくなったときはどうすればいいでしょうか？

　私がその立場だったら、**Oh, what are you talking about?**（何について話しているの？）と聞きます。質問すれば、彼らはあなたが会話に入りたがっていることに気づいてくれます。そうじゃなかったら気づいてくれません。例えば、パーティーなどで、その場にいるのに会話に参加していなかったら、「楽しんでないのかな？　退屈なのかな？」と思われてしまいます。会話することが苦手だったら、そもそもパーティーなんかに出席しないだろうという前提があるからです。表情やあいづちだけでもいいので、会話に参加したがっているというアピールは大事ですね。でもやっぱり一番いいのは、**English is not my strong point.**（自分は英語が得意ではない）とハッキリ伝えることです。そうすれば、彼らはあなたを会話の輪に入れるために、あなたのペースに合わせてくれます。オーストラリアでは、パーティーなど全体参加が基本の場では、みんなで楽しもうとします。だから全員に話しかけようと、会場内をよく動き回ります。一方、日本人は面識のある人としかしゃべらない、特定の小さいグループで固まってしまう傾向があるように思います。

―― 日本とオーストラリアでは、文化的な土台に違いがありそうですね。

　日本のオフィスでは、同僚とあまりおしゃべりしないなと思います。たぶん「仕事中のおしゃべり＝サボっている」と見なされる空気があるからだと思います。一方、オーストラリアだと、同僚としゃべることは、コミュニケーションを取ることで大事なことと見なされるんです。ただし、オーストラリアでは日本ほど忙しく働かないというのも関係してくるかもしれませんね（笑）。

スモールトークを乗り切るコツ 26

アメリカ人には堅い印象より フレンドリーさをアピールしよう

ダニエル・ヘグウッド（弁護士）
NY在住。2007年バージニア州のロー・スクール（University of Virginia School of Law）を卒業。Amazonなどの企業でM&Aに関する法務業務に携わる。現在はAppNexusという会社で商業権利に関する部署の部長に在職。

◤ 相手が気持ちよく答えられる質問を考えよう

―― スモールトーク上手になるためにはどのようなスキルを磨けばよいでしょうか。

まず、相手の話をよく聞くことですね。例えば、**Oh, what did you do last weekend?**（週末は何したの？）と質問して、相手が **I spent some time with my family.**（家族と過ごした）という返事がきたら、これはつまり家族のことについては話したいというサインなんですよ。家族の話題には触れず、**Oh, I went to a concert.**（コンサートに行った）という返事だったら、これは音楽の話がしたいというサインですね。そして、その返答について

How was it? どうだった？ / **Was it fun?** 楽しかった？
How were your seats? 席はどうだった？
Was the weather good? 天気はよかった？
How did you find out about it? ［コンサートの］情報はどこで見つけたの？

などと投げかければ、さらに相手が話を進めてくれます。スモールトークをスムーズに進めるコツは、相手に興味のある話をしてもらうことだと思うんです。そのためには、まず聞き上手になることが重要ですが、それだけでなく相手が気持ちよく答えられる質問を投げるスキルも磨く必要がありますね。

―― おすすめのスモールトークのトピックはありますか？

お酒がある席はスモールトークがしやすいと思います。私が以前、日本の企業とビジネスをしていたときに同僚からこんな話を聞きました。ビジネスランチときに、日本の企業の女性がいきなり **Are you gonna have a drink** with me?（私と一緒に飲みませんか？）と言ってきたそうなんです。言われた本人はびっくりしていましたが、でも実はこれ、すごく賢い戦略なんですよ。このひとことで日本人の堅いイメージを崩して相手との距離を縮めています。アメリカ人は特にこういう親近感を抱く言葉に共感しやすいので、フレンドリーに接すると印象がよいと思います。

アメリカではスモールトークを避けるほうが難しい

—— 全体的に見てアメリカの人は特にスモールトークがうまいと感じることが多いのですが、アメリカではそういった会話術のような授業というか、どこかで教えてもらうような機会はあるのですか？

　いや、それはないですね。ただ、文化的にそういう話好きな人が多いんだと思います。例えば、毎週月曜日、週明けに会社で同僚に会うと、**How was your weekend?**（週末はどうだった？）と聞くのは当たり前のことで、ここから必然的にスモールトークが始まります。アメリカでは逆にスモールトークを避けるほうが難しいかもしれません（笑）。これは相手に興味があって、相手について知りたいという心理が自然に働くから純粋にそのような流れになってしまうんです。これがアメリカ人の一般的な感覚であって、日本人とは典型的に違うんでしょうね。

　私の妻は日本人で、彼女の実家に滞在しているときに義父が家にいなかったことがあって、「お父さんはどこにいるんですか？」と聞いたら、誰も知らないんですよ。誰も気にしていない。さらにお父さんが戻ってきても、誰も彼がそれまでどこに行っていたのか聞かないんです。最近は私も慣れてきましたが、この「気にしない」という状況に最初はびっくりしました。アメリカでは考えられないですから。アメリカでは無言で家族の誰かが長時間いきなりいなくなるなんてことはめったにないですよ。出かけるときにはどこに行くか基本的には伝えるし、その人が家に帰ってきたら、**How was it?**（どうだった？）と必ず声をかけます。

　話がそれてしまいましたが、こういった文化的な価値観の違いがあるということをまず知り、そして意識して相手と話をすることが大切だということです。特にアメリカ人が相手の場合は、堅い印象よりも砕けてフレンドリーな印象を与えるほうがよい人間関係を築けることは間違いないでしょう。

30人に聞く スモールトークを乗り切るコツ 27

周りにあるものや共通項を話題にしよう

喜多祥子（英会話講師）
2011年サンフランシスコ州立大学留学。2012年～2014年現地の留学生を対象に英語を指導。2014年帰国。

◤ 無難な話題は、「周りにあるもの」

　私は数年間、サンフランシスコでアメリカの大学や大学院に進学したい留学生や移民の生徒を相手に英語を教えていました。国籍も年齢も本当にバラバラでしたね。そこで最初に教えていたのが、スモールトークの授業でした。というのも、大学に進学にして、最初から専門的なテーマについて英語で議論するのはハードルが高いわけです。そのため、教授や同級生と「ちょっとしたスモールトークが話せる」、「日常会話で失礼なことを言わない」というスキルこそが、当面の彼らにとって必要とされる技術なわけです。

　授業ではまず、スモールトークで使える無難な話題（safe topics）は何か、生徒自身に考えてもらいます。これが出身国によっても「初対面で質問されてもOK」という項目が異なるので、興味深かったですね。授業ではアメリカ社会での無難な話題（safe topics）として、周りにあるもの（surroundings）を話題にするように指導していました。

　例えば天気や身につけている服装やアクセサリー、電車の遅延などのトピックです。またアメリカでは話題のニュースや映画の話もよくしますね。要するに、自分と直接関係がないので、当たり障りがないわけです。

　周りにあるもの（surroundings）とは異なりますが、旅行や趣味、食べ物の話題など、お互いに共通する話題（common topics）を探すのも有効ですね。

◤ プライベートな質問は仲良くなってから

　逆に、少なくとも初対面では避けたほうがいいリスキーな話題（unsafe topics）が、プライベートな話題（personal topics）です。つまり、政治・宗教、

年齢、仕事、家族関係といった話題です。男女問わず、初対面で年齢を聞いたり聞かれたりするのを好まない文化をもつ国もあることを学びました。また、初対面の際に仕事や職業について尋ねるのも、職業によって大体の年収が推測できてしまうため、敬遠されます。このあたりの感覚は、年齢による上下関係や仕事を重視する日本人の感覚とは少し異なりますから、要注意です。

　また、これは人によって意見が分かれますが、「初対面で週末の予定を聞かれるのもイヤ」という方も結構いますから、プライベートな質問に踏み込むのはやはり親しくなってからにしましょう。もちろん個人差はあります。向こうから自らプライベートな話題を持ち出してきたときは、その話題にふれて問題ないでしょう。

会話の糸口は、付加疑問文を使って共感を促す！

　スモールトークでは、質問の仕方も重要です。授業では、付加疑問文を使った切り出しを推奨していました。**It's hot today, isn't it?**（今日は暑いですね）、**You are taking class A, right?**（Aクラスですよね）といった具合です。ふつうの疑問文で尋ねるより、付加疑問文を使ったほうが相手の共感を得やすく、共通項を探しやすいというのは、日本語の場合でも同じでしょう。こうした質問で糸口をつかんでから、話題が広がる質問を重ねていきます。その際も唐突に**What's your hobby?**（趣味は何なの？）と聞くより、スポーツ関連の話題が出たら話の流れに沿って**Do you play any sports?**（何かスポーツはしますか？）という聞き方のほうがスマートです。質問力を磨きましょう。

　よく聞かれる質問に慣れておくことも大事です。教科書では**How are you?**（元気？）という表現が定番ですが、実際のネイティブ同士の会話では、**What's new?**（何か目新しいことはあった？）、**What have you been up to lately?**（最近どう？）など様々なバリエーションが飛び交います。これらのあいさつは早口で崩して話されるため、慣れていないと対応できません。

　また渡航したての方には**How long have you been here?**（どのぐらいここにいますか？）、帰国する方には**What do you want to do at first when you're back?**（帰ったらまず何がしたいですか？）など、シチュエーション別に定番の質問をストックしておいて自分でも使いましょう。「イギリス英語とアメリカ英語のちがいは？」というのも、確実に盛り上がるトピックのひとつです。

30人に聞く スモールトークを乗り切るコツ 28

率直に自分の意見を話せば、相手に伝わる

ディパンカー・ババール（情報処理技術者）
アジレント・テクノロジー株式会社勤務。インド出身。英語、ヒンディー語はもちろん、日本語も堪能。

◤ 英語を読むだけでなく、実際に声に出して練習しよう

　スモールトークが苦手という日本の方は多いようですね。私の経験では、日本の英語学習者の方は、「英文を読むのは得意だけど、話すのは苦手」という方が多いように思います。英語を声に出して話す練習をしていないから、英語で人前で話す自信がなく、自信がないから雑談したがらないという悪循環に陥っているのでしょう。

　ですから、まず英文を読むだけでなく、英文を声に出して読む練習を積むとよいと思います。一度英語を声に出して、自分の声で聞くことで脳の定着も進みますし、それを何度も繰り返すことで英語を話す自信がついてきます。やはり、英語が話せるようになるには、ある程度の努力は必要です。10分海外ドラマを見るだけでもいいので、どんなに疲れていても毎日英語を勉強する習慣づけができるといいですね。

　あとは間違いを気にしないことです。私が話す日本語も同じでしょう。ところどころ、間違えていると思いますが、話し続けることで徐々に精度が上がっていきます。

◤ カレーだけがインド料理ではありません！

　悲しいことに、私がインド料理を食べていると、日本の方はみなさんたいてい「カレーだ！」とおっしゃるのですが……、当然ながら、インド料理はすべてがカレーではありません！　逆にもし、会話相手の方がカレー以外のインド料理について知識や造詣が深かったとしたら、どうでしょう。それだけでも、十分に会話が盛り上がることは間違いありません。

母国語と異なる言語を学ぶということは、少なからず他国の文化や社会についても学ぶということだと思います。私が日本語を学び、そして来日して働きたいと考えた大きな動機のひとつもまさにそれでした。即ち、「改善」(Kaizen)や「5S」（整理、整頓、清掃、清潔、しつけの頭文字の5つのSをとったもの）といった日本社会から生まれたこれらの言葉についても、実際に日本社会で働くなかで深く理解したいと考えたのです。

ニュースを聞くだけでなく、自分の意見も話そう

　英語のニュースを聞いて英語を勉強している方は多いと思いますが、それなら最近のニュースを話題にしてはどうでしょうか。例えば、南シナ海での領海をめぐる中国とフィリピンの問題について、日本の方はどう考えておられるのか、私には非常に興味があります。話題のニュースについて英語で話せたら、それとともに自分の意見や見解も添えられるといいかもしれません。「この方は本音で率直に自分の意見を話してくれている」と感じるときは、やはり雑談と言えども印象深いものです。

　私が考える民主主義とは即ち、自分の意見や考えを表明することを妨げる権利は誰にもないということです。ですから、私の場合、特に雑談に際して用意はしませんし、いつも自分が思うことを個人の意見として率直に話すだけです。みなさんも恐れず、自分の考えを英語で語ってみてください。相手の立場を尊重して話す限り、決して失礼なことはありません。

スモールトークを乗り切るコツ 29

30人に聞く

相手との距離を近づける積極的なストラテジーを使おう

メイ・オウマ（May Ouma 明星大学大学院生）
イギリス出身。日本で企業研修等に参加するなどして、スモールトークをテーマに研究中。

—— 研究する中で感じた日本人独特のスモールトークの特徴はどんなことですか？

いろいろありますが、ひとつは、相手が社会的にどのような立場・地位にある人かを会話の中で探ろうとすることですね。それはスモールトークだけではなく、仕事の場面、名刺交換のプロセスにも見られます。相手が先輩か後輩か、会社での地位が上か下かによって、敬語の使い分けが生じるからでしょうね。

—— 日本人とイギリス人のスモールトークのプロセスに感じる違いは？

一番大きな違いはスモールトークへの入り方でしょうか。「ポジティブ・ポライトネス・ストラテジー」*という、人間関係を円滑にし相手との距離を近づけようとする積極的なストラテジーがあるのですが、イギリス人は相手とのギャップを埋めるために、しばしばこのストラテジーを用います。たとえば会話を始めるきっかけに **Your dress is really nice.**（あなたの服はとても素敵ね）のように相手を褒めることがよくあります。そうすると褒められた人は **Thank you. I like your dress too.**（ありがとう。あなたの服もよ）とか、**Thank you. I got it from…**（ありがとう。これは～で買ったのよ）などと答えます。**I like your dress too.** のように相手を褒める言葉を返すと、おたがいの間にいい雰囲気が生まれます。また、**I got it from…** のように「どこで買ったか」という情報を付け加えることで会話が続き、スムーズに新たな話題に入ることができます。

—— スモールトークが苦手な方へのアドバイスはありますか？

スモールトークは人間関係を築く上で非常に重要です。プライベートな場面であれ、ビジネスの場面であれ、スモールトークはおたがいの距離を縮め、やりとりをスムーズにするための大切なツールになります。ポジティブ・ポライトネス・ストラテジーは、比較的速く良い関係を築けるので有効に活用できると思います。スモールトークはどんなところでも話されるし、話し方の定型パターンもありません。英語でさまざまな国の人と話す際には、敬語を使い分けるために相手の立場を知る必要は、日本社会で重要視されるほどにはないからです。怖がらずにどんどんトライしてみるとよいと思います。

*自尊心を満足させたり、相手を喜ばせたり、親密な関係を示すために積極的にはたらきかける表現。Brown & Levinson によって提唱された理論。

Part 3

センテンストレーニング ＆ 話題・生スモールトーク 10連発

- ❶ 使えるセンテンストレーニング
- ❷ 使える話題 10連発
- ❸ 生スモールトーク 10連発

ここではまず、センテンスを瞬間的に言えるようにするトレーニングをします。次に、スモールトークで使える話題10テーマとさまざま表現を学びます。最後に、生のスモールトークでは実際にどのように話が展開するのか、ネイティブ同士の会話とネイティブ＋日本人の会話を聞いてみましょう。

1 使えるセンテストレーニング

1　最初のひとことセンテンス　CD 001

① How are you?
元気ですか？

もっとも一般的な表現。

② Hi. How's it going?
やあ、調子はどう？

How are you? よりもくだけた表現。ビジネスの初対面では避けたほうが無難。

③ Hi, nice to meet you.
やあ、お会いできてうれしいです。

④ I'm Ken, Ken Yamada. And you are...?
私は健、山田健です。あなたは？

⑤ May I ask your name?
お名前を教えていただけますか。

Can I 〜?、Could I 〜? よりもていねいな言い方です。

⑥ Do you mind if I ask your name?
お名前をうかがってもよろしいですか。

May I ask your name? よりもさらにていねいな言い方です。

⑦ I'm from Tokyo in Japan. Where're you from?
私は日本の東京出身です。どこの出身ですか。

センテンストレーニング＆話題・生スモールトーク10連発　Part 3

英語でも日本語でも、はじめての相手と話をするのは少し緊張するものです。さらっとセンテンスを言って緊張感をやわらげましょう。

A: How are you?
B: I'm fine. And you?
　元気です。あなたは？

A: Hi. How's it going?
B: Pretty well.
　とてもいいです。

A: Hi, nice to meet you.
B: Nice to meet you, too.
　私もお会いできてうれしいです。

A: I'm Ken, Ken Yamada. And you are...?
B: I'm Emily. Please call me Emily.
　私はエミリーです。エミリーと呼んでください。

A: May I ask your name?
B: I'm Olivia. Please call me Olivia.
　私はオリビアです。オリビアと呼んでください。

A: Do you mind if I ask your name?
B: No problem. My name is Olivia.
　大丈夫です。私の名前はオリビアです。

A: I'm from Tokyo in Japan. Where're you from?
B: I'm from San Francisco.
　サンフランシスコから来ました。

1 使えるセンストレーニング

2 会話のきっかけになるセンテンス① CD 002

❶ What have you been doing recently?
最近、何をしているの？

❷ What are you into lately?
最近、何かにハマってる？

be into ... は「~にはまっている」という表現。

❸ What do you do in your free time?
フリーのときは何をしているの？

日本語でも同じですが、余暇の時間について聞くのも会話のきっかけになります。

❹ Did you see the news last night?
昨夜のニュースは見た？

❺ How was your weekend?
週末はどうだった？

❻ What are you doing this weekend?
今週末はどうするの？

❼ I didn't sleep well.
よく眠れなかったなあ。

質問で切り出すだけではなく、自分のことも話してみましょう。

会話のきっかけをつかむために、相手の最近の様子を聞いてみましょう。最初はあたりさわりのないことから話をしていきましょう。

A: What have you been doing recently?
B: Recently, I've been reading a lot of novels.
最近は小説をたくさん読んでるよ。

A: What are you into lately?
B: I'm into horseback racing lately.
最近は競馬にハマってる。

A: What do you do in your free time?
B: I usually practice the piano.
私はたいていピアノを練習してる。

A: Did you see the news last night?
B: Yes, it was terrible!
うん、ひどかったね。

A: How was your weekend?
B: It was great!
よかったよ！

A: What are you doing this weekend?
B: I'm going to the beach with my family.
家族と海に行くつもりでね。

A: I didn't sleep well.
B: Oh no. Why don't you try drinking some herbal tea?
かわいそう。ハーブティーを飲んでみたら。

1 使えるセンテストレーニング

3 会話のきっかけになるセンテンス② CD 003

❶ Could I have your business card?
名刺をいただけますか。

欧米でも名刺交換があるので会話のきっかけになります。

❷ What do you do?
お仕事は何をしていますか。

❸ How's your business doing?
仕事の調子はどうですか。

仕事の様子が聞けそうな雰囲気のときは使ってみましょう。

❹ When did you arrive?
いつ到着したんですか。

❺ Did you have any trouble finding it here?
ここまで来るのに問題ありませんでしたか。

❻ How did you get here today?
どうやってここまで来たのですか。

❼ Do you come here often?
ここにはよく来るのですか。

Part 3 センテストレーニング＆話題・生スモールトーク10連発

> ビジネス向けのセンテンスを集めてみました。仕事の調子のほかに移動手段などを聞くと話が進むことがよくありますね。

A: Could I have your business card?
B: Absolutely. Here you are.
もちろん。これです。

A: What do you do?
B: I work in the Human Resources department at a shipping company.
輸送会社の人事部で働いています。

A: How's your business doing?
B: It's going very well. We hit our goal this month.
うまくいっています。今月は目標を達成します。

A: When did you arrive?
B: I just got here about five minutes ago.
だいたい5分前にここに着きました。

A: Did you have any trouble finding it here?
B: Not at all. Your map was perfect.
まったく問題ありませんでした。あなたの地図は完璧でした。

A: How did you get here today?
B: I took the subway and then walked.
地下鉄に乗ってそれから歩きました。

A: Do you come here often?
B: Yeah. About once or twice a week.
ええ、週に1、2回です。

1 使えるセンストレーニング

4 話題を振るときのセンテンス　CD 004

❶ What do you think about that news?
そのニュースについてどう思う？

❷ What's your favorite movie ever?
今まででいちばん好きな映画はなに？

文末に ever をつけるだけで「今まで見た中で」という意味になります。

❸ Do you know the movie "The Revenant"?
映画の『レヴェナント』を知ってる？

誰もが知ってそうな映画の名前を挙げるのもいいですね。

❹ Do you like Japanese food?
日本食は好きですか？

日本について話題にするセンテンスは⇒ p.132 〜 135 参照。

❺ Do you play any sports?
何かスポーツやってる？

❻ How about soccer?
サッカーはどう？

❼ What do you want to do for your next vacation?
次の休暇は何がしたい？

Part 3 センテンストレーニング＆話題・生スモールトーク 10 連発

> 話題は誰もが何か答えられそうなことをテーマにするのがコツ。ニュース、映画、食べもの、スポーツなど一般的なことから聞いてみましょう。

A: What do you think about that news?
B: I think it will be great.
それはすばらしいと思うよ。

A: What's your favorite movie ever?
B: Hmm… Probably "Star Wars."
うーん、スターウォーズかな。

A: Do you know the movie "The Revenant"?
B: Yes, it won many Oscars!
ええ、たくさんオスカーを取ったね！

A: Do you like Japanese food?
B: Absolutely! Sushi is my favorite.
もちろん！ 寿司がお気に入りだね。

A: Do you play any sports?
B: Yeah, I play tennis for fun.
ええ、遊びでテニスをしてるよ。

A: How about soccer?
B: Yes, it's so exciting.
うん、とても興奮するね。

A: What do you want to do for your next vacation?
B: I'm hoping to go to Singapore with my family.
家族とシンガポールに行きたいと思っているんだ。

1 使えるセンストレーニング

5 話題を切り替えるときのセンテンス　CD 005

① By the way, do you have the time?
ところで、今何時ですか？

「今何時？」は What time is it now? でも構いませんが上の表現も覚えておきましょう。

② Anyway, we should decide on a plan.
ところで、計画を決めないと。

「いずれにしても」「まあとにかく」と話のまとめに入るときに使います。

③ That reminds me of "Lord of the Rings."
それで「ロード・オブ・ザ・リング」を思い出したんだけど。

やんわりと言って違う話題に持っていくとき使える表現です。

④ Speaking of Mr.Tanaka, he'll be out of the office tomorrow.
田中さんと言えば、明日事務所にいない予定です。
Speaking of... は「〜と言えば」という意味です。

⑤ Can we move on to the next topic?
次の話に行っていいですか？

⑥ Can I change the subject?
話題を替えてもいい？

相手が失礼なことを言っている場合には、ストレートに話題を替えたいと言うことも必要です。

⑦ I just remembered we have a meeting soon.
すぐに会議があるんだった。

I just remembered... 「〜を思い出した」という意味で、話題を替えたいときにも使えますよ。

Part 3 センテンストレーニング＆話題・生スモールトーク 10連発

話題を切り替えたいときはさらっと持っていくのがコツ。相手を不快にさせないように明るく言ってみましょう。

A: The party should start around 8 o'clock.
パーティーは8時ごろ始まります。
B: By the way, do you have the time?

A: The tickets are all bought!
チケットはみんな買いましたよ！
B: Anyway, we should decide on a plan.

A: The movie ended with a cliff-hanger.
その映画はよいところで終わりました。
B: That reminds me of "Lord of the Rings."

A: Mr. Tanaka told me to call the client.
田中さんが私にお客様に電話をするように言いました。
B: Speaking of Mr.Tanaka, he'll be out of the office tomorrow.

A: I guess no one has any questions.
質問する人は誰もいないと思います。
B: Can we move on to the next topic?

A: Joshua is your friend, but he was not professional at all.
ジョシュアはあなたの友だちだけど、ぜんぜんプロじゃないよね。
B: Can I change the subject?

A: Do you have time now?
今時間ある？
B: I just remembered we have a meeting soon.

1 使えるセンストレーニング

6　あいづちセンテンス①　　CD 006

① Yeah.
はい。

Yes よりもくだけた言い方なので、なるべく親しい相手に使いましょう。

② Aha!
なるほど。

「わかった」「なるほど」「そうか」など状況をパッと理解したときに使います。

③ I see.
なるほど。

④ I got it.
わかりました。

I understand. と同じ意味ですが、I got it. のほうが口語的。

⑤ I got you.
わかりました。

これは I got it. よりも友だち、同僚など親しい人同士の間で使います。

⑥ That makes sense.
そういうことか。

起こったことや聞いたことに対する疑問が解決したときに使います。

⑦ I see what you are saying.
おっしゃっていることはわかります。

あいづちのセンテンスは短いものが多いですが、理解を示す表現も答え方の調子によって相手に対する関心を表すニュアンスがかなり違ってきます。

A: **Are you okay?**
大丈夫？
B: **Yeah.**

A: **Do you get it?**
わかる？
B: **Aha!**

A: **It was very difficult.**
それはとても難しかったよ。
B: **I see.**

A: **Don't lose those papers!**
それらの書類をなくさないで。
B: **I got it.**

A: **Please remind me later.**
あとで私に知らせてください。
B: **I got you.**

A: **From now on we will need to send a report to the director.**
今からディレクターにレポートをしなければ。
B: **That makes sense.**

A: **I hope that you understand.**
わかってほしいのです。
B: **I see what you are saying.**

7 あいづちセンテンス②

① Right.
そうですね。

② Sure.
もちろん。

Yes. よりも明るい感じで、「もちろん」や「喜んで」という意味を含んでいます。

③ Exactly.
その通り。

相手の言葉に対して「正確だ」ということを表します。

④ Absolutely.
もちろん。

⑤ That's true.
その通りです。

「それは本当だ」⇒「その通りだ」という意味。

⑥ You are right.
その通りです。

「あなたは正しい」⇒「その通りだ」という意味。

⑦ I think so, too.
私もそう思います。

Part 3 センテンストレーニング＆話題・生スモールトーク10連発

> 相手が言ったことに対して同意を示す表現です。こちらが納得していることがわかれば相手はもっと話したくなるはず。

A: **I need to finish this.**
これを終わらせる必要があります。
B: **Right.**

A: **Is that okay?**
それは大丈夫ですか。
B: **Sure.**

A: **The company must expand into the foreign market.**
会社は海外市場へ拡大していかなければなりません。
B: **Exactly.**

A: **Can I ask you for some advice?**
アドバイスをもらえますか。
B: **Absolutely.**

A: **We can just reuse the layout.**
もう一度同じレイアウトを使えますよ。
B: **That's true.**

A: **We won't finish this without some help.**
私たちは手助けがないとこれは終わらないです。
B: **You are right.**

A: **Isn't that strange?**
それ変だと思わないですか。
B: **I think so, too.**

1 使えるセンテストレーニング

8　あいづちセンテンス③

CD 008

❶ Did you?
したの？

相手が何かをしたことに対して確かめる言い方です。

❷ Oh, you did?
へー、したの？

① Did you? と同じように使います。

❸ Is that right?
そうですか？

相手の言ったことに対して「そうですか？」といった疑問や驚きを表します。

❹ Is that true?
それ本当？

❺ Really?
本当？

❻ Say what?
何て言った？

❼ Isn't it something?
それすごくない？

「すごいな」と感心や感激・驚きを表す表現です。

センテンストレーニング＆話題・生スモールトーク10連発　Part 3

相手が言ったことに対して軽く確かめるような表現です。相手がもっと話したくなるようにあいづちを打ちましょう。

A: I saw "Zootopia" with my kids.
子どもと『ズートピア』を見ました。
B: Did you?
見たんですか。

A: We went to Kamakura, actually.
実は鎌倉に行きました。
B: Oh, you did?

A: We have to document the meeting.
会議の記録を取らなければなりません。
B: Is that right?

A: Rumor has it Ms. Nakatani is quitting.
うわさでは中谷さんは辞めるらしいです。
B: Is that ture?

A: I won the lottery!
宝くじが当たった！
B: Really?

A: He bought a 20,000 yen wallet from Parco.
彼はパルコから20,000円の財布を買いました。
B: Say what?

A: He celebrated his 30th year with the company.
彼は30年会社に勤務しました。
B: Isn't it something?

1 使えるセンテンストレーニング

9 相手を褒めるセンテンス　CD 009

① Oh, that is pretty cool! What is it?
かっこいいね！それ何？

cool は褒めことばとしてよく使われます。

② The hat looks really good on you.
帽子がとっても似合ってるね。

look good on you「似合ってる」はかたまりで覚えましょう。

③ I like your tie.
すてきなネクタイね。

I like ...「〜好き」と言って、相手のものを褒めてみましょう。

④ This is nice, isn't it?
これはいいですね。

⑤ You look great in that suit.
そのスーツよく似合ってるね。

⑥ What a beautiful office!
すてきな事務所ですね！

⑦ I like the way you think.
あなたの考え方好きだな。

相手の内面的なところを褒めるときに使います。

センテストレーニング＆
話題・生スモールトーク10連発 **Part 3**

会話上手は褒め上手。褒められれば誰でも悪い気はしませんね。さらっと褒めて相手を喜ばせることも相手が話しやすくなるきっかけになります。

A: Oh, that is pretty cool! What is it?
B: It's my new smartwatch.
これは新しいスマートウォッチです。

A: The hat looks really good on you.
B: Thanks! It was a present.
ありがとう！ これはプレゼントなんです。

A: I like your tie.
B: Thank you. I just bought it.
ありがとう！ これは買ったのです。

A: This is nice, isn't it?
B: You think so?
そう思います？

A: You look great in that suit.
B: Oh, thank you!
んーありがとう！

A: What a beautiful office!
B: You're so kind.
（そんなに褒めていただけるなんて）やさしいですね。

A: I like the way you think.
B: I like the way you think, too!
私もあなたの考え方好きだよ。

131

1 使えるセンテンストレーニング

10 日本について話題にするときのセンテンス①
CD 010

❶ Do you live here or are you visiting?
日本に住んでいらっしゃるのですか。それとも旅行で来ているのですか。

❷ Is this your first time here?
日本ははじめてですか。

❸ Have you ever been to Japan?
日本に行ったことがありますか。

海外にいて、日本を話題にするときに使ってみましょう。

❹ What brought you here?
どうしてここへやってきたのですか。

Why did you come here? を使うと失礼に聞こえる場合もあるので避けましょう。

❺ How long have you stayed in Japan?
どのくらい日本に住んでいるのですか。

❻ How do you like Japan?
日本は好きですか。

❼ What is your favorite thing about Japan?
日本の好きなところはどんなところですか。

相手が日本について知っていそうだったら具体的にどこが好きかを聞いてみましょう。

センテストレーニング＆話題・生スモールトーク10連発　Part 3

> まずは相手が日本についてどのくらい知っているかを探ってみましょう。意外に日本人より日本のことをよく知っているかも。

A: Do you live here or are you visiting?
B: I'm just visiting for a week.
　1週間来ているだけです。

A: Is this your first time here?
B: No, it's my second time here.
　いえ、ここは2回目です。

A: Have you ever been to Japan?
B: Yeah, it's great!
　ええ、日本はいいですね！

A: What brought you here?
B: I hear the fashion is fantastic.
　ファッションがすばらしいと聞いて。

A: How long have you stayed in Japan?
B: I've lived here for a few years.
　ここに2、3年住んでいます。

A: How do you like Japan?
B: It's a very easy place to live.
　とても住みやすいですね。

A: What is your favorite thing about Japan?
B: I love the mix of old and new buildings.
　古い建物と新しい建物が混じっているのが好きです。

133

1 使えるセンテンストレーニング

11 日本について話題にするときのセンテンス②

CD 011

① Have you ever had Japanese food?
日本の食べものを食べたことがありますか。

日本について話題にするとき、日本食をとりあげると入りやすいと思います。

② What is your most favorite food in Japan?
日本の食べものでいちばん好きなものはなんですか。

③ Do you know the difference between sushi and sashimi?
寿司と刺身の違いがわかりますか。
寿司と刺身の違いがわからない外国人が多いので説明できるようにしたいですね。

④ Have you seen fireworks in Japan?
日本で花火を見たことがありますか。

⑤ I recommend visiting Mt Fuji.
富士山に行くことをおすすめします。

I recommend ...「おすすめします」を使って日本をたくさん紹介しましょう。

⑥ Have you ever been to a hot spring?
温泉に行ったことはありますか。

⑦ Do you have anything that you really want to try in Japan?
何か日本ですごく試してみたいことってありますか。

Part 3 センテンストレーニング&話題・生スモールトーク10連発

日本の食べもの、花火、温泉などの文化について具体的な質問をしてみましょう。相手の関心がどこにあるかを知ってから、日本についてうまく話してみましょう。

A: Have you ever had Japanese food?
B: Yes, and it is delicious.
あります。おいしいですね。

A: What is your most favorite food in Japan?
B: I love sushi the best.
寿司がいちばん好きです。

A: Do you know the difference between sushi and sashimi?
B: Yes. Sushi is served with vinegared rice, but sashimi is not.
はい。寿司はすめしとともに出されますが、刺身は違います。

A: Have you seen fireworks in Japan?
B: Uh-huh. They are spectacular!
ええ、壮観ですね!

A: I recommend visiting Mt Fuji.
B: Thanks for the suggestion.
ご提案ありがとうございます。

A: Have you ever been to a hot spring?
B: Not yet, but I hope I can go soon.
いいえまだです、すぐに行けるといいのですが。

A: Do you have anything that you really want to try in Japan?
B: Yeah, I want to try sleeping in a capsule hotel.
ええ、カプセルホテルで眠ってみたいです。

1 使えるセンストレーニング

12 相手の国のことを話題にするときのセンテンス `CD 012`

❶ I have been to your country before.
あなたの国に行ったことがあります。

❷ I wish I could go to your country.
あなたの国に行ってみたいです。

❸ I think the food in your country is very great.
あなたの国の食べものはとてもおいしいと思います。

相手の国の食べものはより相手のアイデンティティに関わるので褒めましょう。

❹ Do you have something like this in your country?
あなたの国ではこれに似ているものはありますか。

相手の国で似ているものを聞くことで話題が弾むことも多いですよ。

❺ Is there anything that you would recommend in your country?
あなたの国で何かおすすめのものはありますか。

❻ What is the national dish of your country?
あなたの国の代表的な料理は何ですか。

❼ What language is spoken in your county?
あなたの国で話されている言葉は何ですか。

単一言語ではなく複数の言語を話す国もたくさんあります。

Part 3 センテンストレーニング&話題・生スモールトーク 10連発

相手の国のことを聞いてみましょう。そして相手の国のことをほめてみましょう。自分の国のことを聞かれたり褒められたりしたらうれしいですよね。

A: I have been to your country before.
B: Oh, where did you go?
え、どこに行ったんですか。

A: I wish I could go to your country.
B: You should visit the national museum.
国立博物館に行くといいですよ。

A: I think the food in your country is really great.
B: Have you tried Kung Pao chicken?
鶏とカシューナッツ炒めを食べたことがありますか。

A: Do you have something like this in your country?
B: No, we don't.
いいえ、ありません。

A: Is there anything that you would recommend in your country?
B: You should definitely visit the metropolitan museum.
絶対にメトロポリタン美術館に行くのがいいですよ。

A: What is the national dish of your country?
B: It's probably bibimbap.
おそらくビビンバでしょう。

A: What language is spoken in your country?
B: We mostly speak English.
だいたいは英語です。

13 聞き取れなかったときのセンテンス①　CD 013

① You said Asakusa Station?
浅草駅と言いました？

You mentioned... と言うこともできます。

② What are you talking about?
何の話をしているのですか。

③ Are you talking about tennis?
テニスについて話しているのですか。

Are you talking about ...? と言って相手が言った言葉を繰り返してみましょう。

④ Sorry?
ごめんなさい、もう一度言ってください。

⑤ Pardon?
何て言いました？

⑥ Sorry, I couldn't catch it.
すいません、聞き取れませんでした。

⑦ Could you please speak more slowly?
もう少しゆっくり話していただけますか。

Part 3 センテンストレーニング＆話題・生スモールトーク10連発

> 相手の言っていることが聞き取れなかった場合には、聞き取れた単語を繰り返して言うだけでも相手に関心を示していることが伝わります。

A: **Let's get off at Asakusa Station.**
浅草駅で降りましょう。
B: **You said Asakusa Station?**

A: **That sure was great.**
それはすばらしかった。
B: **What are you talking about?**

A: **It's easy to slip on the grass courts at Wimbledon.**
ウィンブルドンは芝のコートで滑りやすいです。
B: **Are you talking about tennis?**

A: **Remember to send me an email.**
メールを私に送るのを忘れないでください。
B: **Sorry?**

A: **Please tell us your name and contact information.**
名前と連絡先を教えてください。
B: **Pardon?**

A: **Did he tell you the company's email address?**
彼はあなたに会社のメールアドレスを教えましたか。
B: **Sorry, I couldn't catch it.**

A: **This meeting will be about budgets in the next five years.**
この会議は次の5年間の予算についてです。
B: **Could you please speak more slowly?**

1 使えるセンテンストレーニング

14　聞き取れなかったときのセンテンス② 　CD 014

❶ What does that mean?
それはどういう意味ですか。

❷ Sorry, I don't get it.
すみません、意味がわかりません。

❸ I don't understand what it means.
それの意味がわかりません。

❹ Could you say that a little bit more easily for me?
もう少しやさしく言っていただけますか。

❺ Could you explain that in simple English, please?
それを簡単な英語で説明していただけますか。

❻ Could you say it again, please?
もう一度言ってもらえますか。

❼ Sorry, can you rephrase that?
すいません、それ言い替えられますか？

rephrase「言い替える」という動詞を使ってみましょう。

Part 3 センテンストレーニング＆話題・生スモールトーク10連発

リスニング力が原因で聞き取れないのではなく、内容や意味がわからない場合にはわかりやすく説明してもらいましょう。

A: **Don't look a gift horse in the mouth.**
もらいものにけちをつけるな。
B: **What does that mean?**

A: **Haste makes waste.**
急がば回れ。
B: **Sorry, I don't get it.**

A: **Do you have a question?**
質問がありますか。
B: **I don't understand what it means.**

A: **Dilatoriness is not tolerated.**
先のばしは許されません。
B: **Could you say that a little bit more easily for me?**

A: **Maybe the information was a little bit complicated.**
たぶんその情報は少し複雑です。
B: **Could you explain that in simple English, please?**

A: **She's feeling under the weather.**
彼女は体の具合がよくないです。
B: **Could you say it again, please?**

A: **That's stock trading in a nutshell!**
早い話が、それは株式取引です。
B: **Sorry, can you rephrase that?**

1 使えるセンテストレーニング

15 言葉に詰まったときのセンテンス　CD 015

① Let me see.
えーと。

基本的に、時間稼ぎの表現です。

② Let me think.
考えさせて。

Let me see. よりさらに時間稼ぎしたいときに使う表現です。

③ Just a moment.
ちょっと待って。

④ How do I say?
なんていうんだろう。

適当な表現がみつからないときによく使います。

⑤ What's that again?
それなんだっけ？

⑥ I can't explain it well.
よく説明できないなあ。

⑦ I've forgotten what I want to say.
言いたいこと忘れちゃった。

Part 3 センテンストレーニング＆話題・生スモールトーク10連発

> とっさに言いたいことが何か思い出せなくなっても沈黙は避けたいもの。何かは言葉にしてその間を埋めることで話をつなげます。

A: Let me see.
B: Take your time.
ゆっくりでいいよ。

A: Let me think.
B: No worries.
ゆっくりでいいよ。

A: Just a moment.
B: No problem.
大丈夫。

A: How do I say?
B: Take your time.
ゆっくりでいいよ。

A: What's that again?
B: It will come to you.
ゆっくり思い出してね。

A: I can't explain it well.
B: I think I get it.
私わかったと思う。

A: I've forgotten what I want to say.
B: It happens.
よくあることだね。

16 しばらく会っていないときのセンテンス

CD 016

① How have you been?
元気にしてた？

② What have you been up to?
最近どうしてる？

相手の最近のできごとについて詳しく知りたいニュアンスが強くなります。

③ It's been a while.
久しぶりですね。

"It's been a while since we last met." の後半が省略されています。

④ Long time no see.
久しぶりだね。

⑤ I haven't seen you for a long time.
ずっと会ってないね。

⑥ Has anything new happened lately?
最近何か変わったことあった？

⑦ You haven't changed at all.
全然変わらないね。

センテンストレーニング＆話題・生スモールトーク10連発　Part 3

しばらく会っていない相手には、近況を聞くことから始めるのが自然ですよね。お互いに新ネタがあれば話が弾みますよ。

A: How have you been?
B: I've been really well.
本当に元気です。

A: What have you been up to?
B: Mostly work.
ほとんど仕事。

A: It's been a while.
B: Sure has.
本当だね。

A: Long time no see.
B: Same to you!
久しぶりだね。

A: I haven't seen you for a long time.
B: I know!
そうだね！

A: Has anything new happened lately?
B: Not much.
特に何もないよ。

A: You haven't changed at all.
B: You think so?
そう思う？

145

1 使えるセンテストレーニング

17 天気についてのセンテンス① 　CD 017

① It's a beautiful day!
いい天気ですね！

② It's a nice day, isn't it?
いい天気ですね。

③ It's such a nice day today, isn't it?
今日はいい天気ですね。

②の文に such や today を加えてみましょう。

④ It's lovely weather today.
今日はいい天気だね。

lovely weather でかたまりで覚えましょう。

⑤ Great weather today, huh?
今日はいい天気ですよね！

⑥ It's warm today, isn't it?
今日は暖かいですね。

⑦ It's finally getting cooler, isn't it?
やっと涼しくなってきましたね。

Part 3 センテンストレーニング＆話題・生スモールトーク10連発

天気の話題は世界共通。スモールトークではもっとも一般的です。天気がよければ気分も晴れやか。話のきっかけになります。

A: It's a beautiful day!
B: Sure is.
本当ですね。

A: It's a nice day, isn't it?
B: Yeah, I love the sun.
ええ、晴れはいいですね。

A: It's such a nice day today, isn't it?
B: Totally.
本当に。

A: It's lovely weather today.
B: Perfect for a picnic.
ピクニックに持ってこいだ。

A: Great weather today, huh?
B: Yeah, I hope it lasts.
ええ、ずっと続くといいですね。

A: It's warm today, isn't it?
B: A little too warm.
ちょっと暖か過ぎますね。

A: It's finally getting cooler, isn't it?
B: Finally.
やっとね。

18 天気についてのセンテンス②

CD 018

① What horrible weather!
ひどい天気ですね！

② We had a lot of heavy rain last night.
昨夜は大雨が降りましたね。

③ Thunder was rumbling so loud last night.
昨夜は雷がすごかったね。

rumble はごろごろ鳴るという意味。

④ It looks like it's going to rain tonight.
今夜は雨になりそうですね。

⑤ How's the weather in your country?
あなたの国の天気はどうですか。

⑥ It has been cloudy lately.
ここ最近はずっと曇りですね。

⑦ It's too humid today, isn't it?
今日は蒸しているねえ。

Part 3 センテンストレーニング＆話題・生スモールトーク10連発

天気が悪くても、それはそれで話のきっかけになります。相手の国の天候についても話が展開しやすくなるはず。

A: What horrible weather!
B: It's like a typhoon out there!
台風がそこに来たみたいだね！

A: We had a lot of heavy rain last night.
B: I didn't even notice.
まったく気づかなかった。

A: Thunder was rumbling so loud last night.
B: Yeah, it was scary.
ええ、怖かったね。

A: It looks like it's going to rain tonight.
B: Oh no!
あーあ！

A: How's the weather in your country?
B: It's really hot in my hometown.
私の地元は本当に暑いです。

A: It has been cloudy lately.
B: It's bound to rain soon.
すぐに雨になりますよ。

A: It's too humid today, isn't it?
B: I know. It's terrible.
そう。ひどいね。

1 使えるセンストレーニング

19 留学したときに使えるセンテンス　CD 019

① Hi, we're in the same class.
やあ、同じ授業に出てるね。

② What do you think of this class?
このクラスどう？

③ This class is interesting, isn't it?
この授業おもしろいよね。

付加疑問文を用い相手の反応を探ってみましょう。

④ What other classes are you taking?
ほかにどの科目をとっているの？

⑤ Hi, I missed that class last week . I was wondering if I could borrow your notes.
先週の授業出られなかったんだけどノート借りられるかな。

⑥ How long are you studying abroad?
留学の期間はどのくらいなの？

⑦ Why don't we go to lunch together if you have time?
クラスのあと時間があったら、ランチにいかない？
Why don't we...?「〜しない？」もよく使う誘いの表現です。

Part 3 センテンストレーニング＆話題・生スモールトーク10連発

留学中は授業の前後にもスモールトークをする機会がたくさんあります。特に知らない学生相手にも積極的に話しかけてみては。

A: Hi, we're in the same class.
B: The 10 o'clock one, right?
10時のクラスでしょ？

A: What do you think of this class?
B: I think it's pretty cool!
すごくいいと思う！

A: This class is interesting, isn't it?
B: Yeah!
うん！

A: What other classes are you taking?
B: I'm taking History with Professor Jones.
ジョーンズ教授の歴史をとってる。

A: Hi, I missed that class last week. I was wondering if I could borrow your notes.
B: Sure, but they're a little messy.
いいよ、でもちょっとぐちゃぐちゃなんだ。

A: How long are you studying abroad?
B: Just for one year.
1年間だけ。

A: Why don't we go to lunch together if you have time?
B: Sure, that sounds awesome.
もちろん。それはいいね。

1 使えるセンテストレーニング

20 締めのあいさつセンテンス 　CD 020

❶ I'd love to chat some more, but I have to leave now.
もっとお話ししたいのですが、今行かないといけなくて。

❷ It was pleasure meeting you.
お会いできてうれしかったです。

❸ Nice talking to you!
お話しできてよかったです。

❹ Have a nice day today.
よい一日を。

❺ Time to go.
行かなくちゃ。

❻ Bye for now.
じゃあまた。

for now で「今のところ」という意味です。

❼ See you soon.
またすぐに会おうね。

センテンストレーニング＆
話題・生スモールトーク10連発　**Part 3**

楽しく話したあとは感じよく締めたいもの。自然に終わる場合もありますが
そうでないときは、さらっと会話の終わりを切り出してみましょう。

A: I'd love to chat some more, but I have to leave now.
B: Oh, thank you for your time.
お時間ありがとう。

A: It was a pleasure meeting you.
B: Likewise.
こちらこそ。

A: Nice talking to you!
B: Same. Let's talk again soon.
私も。またすぐ話そう。

A: Have a nice day today.
B: You too.
あなたもね。

A: Time to go.
B: Oh, see you later.
うん、またあとでね。

A: Bye for now.
B: Bye.
じゃあ。

A: See you soon.
B: Later!
またね！

2 使える話題10連発

1 日本食 ラーメン
A: 日本人　B: 日本に旅行に来たネイティブ

CD 021

A: Are there any Japanese foods that you like?

B: I like things like sushi and sukiyaki, but ramen is my favorite.

A: Oh, really? What kind of ramen do you like?

B: Shōyu (Soy sauce-based) ramen. But I've only eaten that, so I don't really know much about other kinds. Do you have some suggestions for ramen?

A: I recommend tonkotsu ramen, without a doubt. It's a pork-based ramen from Kyushu. The soup is rich and the noodles are thin.

B: Sounds good! There are a lot of different types of soup, huh?

A: There are pork-based soups, fish-based, vegetable-based, and many other types. The ramen tastes really different, depending on what type of soup you use.

B: I'd like to try all of them!

センテンストレーニング＆話題・生スモールトーク10連発　Part 3

■ パワーアップ表現　Power up!

① Ramen was originally a Chinese food, but in Japan it was changed in various ways to suit Japanese tastes.
ラーメンはもともとは中国の料理ですが、日本でさまざまな工夫がされて日本人好みの味になりました。

② With tonkotsu ramen, you can often ask for "kaedama," which is an extra helping of noodles.
豚骨ラーメンではよく「替え玉」といっておかわりの麺を追加注文できます。

③ It's not only ramen. There are also a lot of specialty "tsukemen" shops.
ラーメンだけではなく、「つけ麺」がメインのお店もたくさんあります。

④ Cup Noodle was first sold in 1971 in Japan.
カップヌードルは1971年に日本で初めて販売されました。

⑤ Opinions vary, but many people say the three major ramen styles in Japan are Sapporo miso ramen, Hakata tonkotsu ramen, and Kitakata soy sauce-based ramen.
諸説ありますが、日本三大ラーメンは札幌味噌ラーメン、博多とんこつラーメン、喜多方醤油ラーメンだと言われています。

訳
A: 日本の食べもので好きなものはありますか？
B: 寿司やすき焼きも好きですけど、ラーメンがいちばん好きですね。
A: そうなんですか。どんなラーメンが好きですか。
B: 醤油ラーメンです。ただそれしか食べたことがないので、ほかの種類についてはあまり詳しくはわからないのですが。なにかおすすめのラーメンはありますか。
A: やっぱり豚骨ラーメンがおすすめですよ。スープが豚骨ベースの九州発祥のラーメンです。濃厚なスープと細麺のラーメンです。
B: おいしそうですね。スープにもいろいろありそうですね。
A: ラーメンには豚骨系、魚介系、野菜系などいろいろな種類があって、どのだしを使うかによってラーメンの味が全然違いますよ。
B: みんな挑戦してみたいですね。

2 日本食　大豆食品

A: 日本人　B: 日本で暮らしているネイティブ

A : Are you into any particular foods lately?

B : Actually, I've been eating soybeans every day.

A : What? Soybeans?

B : Yeah. Soybeans are quite nutritious and healthy. Soy sauce, miso, tofu, natto – they're all essential Japanese foods.

A : It's kind of like a Japanese person's idea of health food.

B : I hadn't been feeling well for a long time, so I began eating miso soup and natto with rice every morning. My health has really improved. Natto is really good.

A : Actually, even though I'm Japanese, I don't like natto at all. I think it smells bad.

B : Really? That's unexpected.

A : Oh, and edamame, did you know they're actually soybeans? Edamame are soybeans in the middle of the growth process. If you don't harvest the soybean at that stage, they became regular soybeans.

B : Wow, I didn't know that. I'll start eating edamame, too.

語注　nutritious: 栄養のある　essential: 不可欠な　harvest: 収穫する

パワーアップ表現

① Since olden times, soybeans have been eaten in Japan instead of meat as an alternative source of protein.
日本では、古くから大豆は肉のかわりのたんぱく源として食べられてきました。

② Many foods in Japan are made from soybeans—soy sauce, miso, tofu, natto, and more.
日本の大豆食品は多く、醤油、味噌、豆腐、納豆などさまざまです。

③ I like natto, but I heard that a lot of people from Osaka and Kyoto don't like it.
私は納豆が好きだけど、大阪や京都の人は好きではない人も多いようです。

④ Recently there's been a growing interest in natural foods in Japan.
最近の日本では自然食品に対する関心が高まっています。

⑤ Japanese people often put soy sauce on tofu. Sometimes that seems a little strange to me, since they're both made from soybeans.
日本人はよく豆腐に醤油をかけて食べますが、原料は同じ大豆なので不思議に感じるときがあります。

訳
A: 最近、食べものでなにかはまってるものある?
B: 実は大豆を毎日食べるようにしてる。
A: えっ、大豆?
B: そう、大豆の食べものってとても栄養があってヘルシーなんだよ。醤油、みそ、豆腐、納豆、全部日本食には欠かせないものばかり。
A: なんか日本人的でかなり健康的な感じだね。
B: ずっと、体の調子がよくなかったから毎朝、お味噌汁に納豆ご飯を食べるようにしているんだ。結構調子もよくなってきたよ。納豆が特にいい。
A: 実は、日本人なのに納豆がどうしても食べられなくて。どうもあのにおいがだめでね。
B: えーっそうなの? それは意外だな。
A: そうそう枝豆って、大豆ともとは同じって知ってた? 枝豆は大豆の成長途中で収穫したものなんだよ。そしてさらに枝豆を収穫しないで、そのままにしておくと大豆になるんだよ。
B: へえ、知らなかったなあ。今度枝豆も食べるようにしようっと。

3 日本食 お茶

A: 日本人　B: 日本で暮らしているネイティブ

B: This tea is delicious.

A: Yes, it's really good. This tea is actually a ryokucha-matcha blend.

B: Mmm, the flavor is strong. But what's the difference between ryokucha and matcha?

A: I didn't know either until just recently, but they are really different.

B: What's different?

A: Simply put, flavorful sprouts that are not grown under direct sunlight are used to make matcha. It's made into powder form with a stone mill. On the other hand, ryokucha is grown normally in direct sunlight. Then the leaves are rolled and dried. Simply because of the extra labor, matcha is more expensive.

B: Oh, I get it. Matcha has a stronger flavor because of the way it's grown and processed.

語注　flavor: 風味　simply put: 簡単に言うと　flavorful: 風味豊かな　sprout: 芽　mill: ひき臼

パワーアップ表現 Power up!

1 In Japan, the largest tea producing region is Shizuoka, and the second-largest is Kagoshima.
日本で1位のお茶の産地は静岡で、2位は鹿児島です。

2 Green tea, oolong tea and black tea all come from the same plant, but they're processed in different ways.
緑茶、烏龍茶、紅茶は原材料は同じですが製造方法が違います。

3 Green tea has detoxifying effects, and components with antiseptic properties.
緑茶には解毒作用、殺菌効果の成分があります。

4 Matcha-flavored sweets—like matcha castella, matcha ice cream and matcha shaved ice—are really popular these days, too.
抹茶カステラ、抹茶アイス、抹茶のかき氷など抹茶を使ったスイーツも最近流行っています。

5 Apparently coffee lovers in other countries have come to like matcha, because it has a lot of caffeine, just like coffee.
海外では抹茶にはコーヒー同様にカフェインが多く含まれていることから、コーヒー愛好家も抹茶を好むようになってきているらしいですね。

訳
B: このお茶おいしいね。
A: おいしいでしょ。このお茶には実は緑茶と抹茶がブレンドされているの。
B: なんか味が濃い気がする……。でも緑茶と抹茶ってなにが違うの?
A: 私もついこの間まで知らなかったけど、やっぱり違うものみたい。
B: どう違うの?
A: 簡単に言うと、抹茶は強い日差しが当たらないようにすることで育てられたうまみの多い柔らかな新芽を使っているんだ。それを石臼で粉末状にしたもの。それに対して緑茶は日差しを遮らず、普通に育てられそれをもみながら乾燥させたもの。手間がかかっている分だけ抹茶のほうが値段が高いね。
B: なるほど。抹茶はそういう育てられ方と工程によって深い味がするんだね。

2 使える話題10連発

4　日本食　お酒
A: 日本人　B: 日本で暮らしているネイティブ
CD 024

A : Do you drink alcohol?

B : Sure do. Besides wine, I often drink Japanese sake.

A : Is that so? What kind of sake do you like, sweet or dry?

B : I like dry sake. It's smooth and goes well with lots of food.

A : I like dry sake too. I usually drink it hot in the winter and chilled in the summer.

B : I haven't had hot sake. I want to try it.

A : So, what about shochu?

B : I drink shochu, too.

A : Does your country have something like shochu?

A : We do. Shochu is like whiskey. I especially like the wheat-like aroma of mugijochu which is similar to whiskey. But when it's diluted with water, I drink too much.

B : Really? But shochu is a distilled liquor – it isn't fermented, like sake - so the alcohol doesn't remain in your body and you don't usually get a hangover.

語注　chill: 冷やす　dilute:〔液体を〕薄める　distill: 蒸留する　ferment: 発酵する　hangover: 二日酔い

センテンストレーニング＆
話題・生スモールトーク10連発　**Part 3**

▶ パワーアップ表現　Power up!

❶ In winter, most people heat up sake and drink it warm or hot.
日本酒は冬は温めて熱燗にして飲むことが多いです。

❷ In summer, people often chill sake and drink it cold.
日本酒は夏は冷酒として冷やして飲むことが多いです。

❸ The highest-ranked sake is "junmai-daiginjo."
日本酒の最高ランクのものは純米大吟醸です。

❹ Awamori is a type of distilled liquor made from rice grown in Okinawa.
泡盛は沖縄で作られる米を原料にした焼酎です。

❺ They say that if you eat dairy foods or take turmeric before you drink liquor, you're less likely to get drunk.
飲む前に乳製品を食べたり、ウコンを飲むと酔いづらいといいますよ。

訳
A: お酒は飲みますか？
B: 飲みますよ。ワイン以外に日本酒もよく飲みます。
A: そうなんですか？ どんな日本酒を飲むんですか？ 甘口と辛口ではどっちが好きですか？
B: 辛口が好きですね。すっきりとしていて食べものに合うものが多いですね。
A: 私も辛口が好きです。冬は熱燗で、夏は冷酒で飲むことが多いです。
B: 熱燗は飲んだことがありません。飲んでみたいなあ。
A: では焼酎はどうですか？
B: 焼酎も飲みますね。
A: あなたの国にも焼酎のような飲みものはありますか。
B: ありますよ。焼酎はウィスキーに似ていますね。特に麦焼酎は微妙にウィスキーに似ていて麦の香りがするのがいいです。水割りにするとほんと飲み過ぎてしまいますが。
A: そうですか。でも焼酎は日本酒のような醸造酒と違って蒸留酒だから、翌日にお酒が残らなくていいですよね。そして二日酔いもあまりしないですよ。

161

5 天気

A: 日本人　B: 日本で暮らしているネイティブ

A: Recently, it's been raining heavily every day.

B: Seriously! I want it to hurry up and stop.

A: But today I heard it's sunny in the Osaka area, so maybe tomorrow it will be sunny in Tokyo.

B: Actually, the weather report said another typhoon is approaching.

A: Sometimes there are torrential downpours. It has been really strange recently.

B: With it like this, I might move to Hokkaido.

A: Huh? Why?

B: Well, I heard that Hokkaido doesn't have a rainy season or typhoons!

A: They don't have a rainy season, but they do seem to get typhoons occasionally.

B: Really? So anywhere I go, I'm out of luck. But I hope it's sunny tomorrow.

語注　torrential downpours: ゲリラ豪雨

パワーアップ表現

① The weather forecast is wrong sometimes, so you have to be careful.
天気予報もたまに外れるときがあるので注意しないと。

② Recently I forgot my umbrella and got caught in a torrential downpour. It was terrible.
この間傘を忘れて、どしゃぶりに合いひどいことになりましたよ。

③ As soon as the rainy season ended, it immediately got really hot.
梅雨が明けて、一気に暑くなりましたね。

④ The mornings and evenings have gotten chilly, so be careful not to catch a cold.
朝晩かなり冷えてきましたので風邪をひかないようにしてくださいね。

⑤ Except for Okinawa, it snows in most places (in Japan) during winter.
冬は沖縄をのぞく（日本の）ほとんどの場所で雪が降ります。

訳
A: 最近は毎日すごい雨で、やんなっちゃうなあ。
B: ほんとう、早くやんでほしい。
A: でも今日は大阪のほうでは晴れてるみたいだから、明日は東京では晴れるんじゃないかな。
B: ただ、また台風が近づいてきているって天気予報で言ってた。
A: ゲリラ豪雨もあるし、最近はおかしいね。
B: こんなことなら、北海道にでも引っ越そうかなあ？
A: えっ、どうして。
B: だって北海道には梅雨も台風もないって聞いたけど。
A: 梅雨はないけど、まれに台風はあるらしいよ。
B: そうか。どこに行ってもだめかあ。でも明日は晴れるといいな。

2 使える話題10連発

6 旅行
A: 日本人　B: 日本に旅行に来たネイティブ

A: Is this your first time in Japan?

B: Yes. This is my first time.

A: Where have you gone sightseeing?

B: I went to Senso-ji(Asakusa temple) in Asakusa. There were a lot of shops and I bought a lot of souvenirs.

A: Have you gone to a hot spring?

B: I haven't been to one yet. What hot springs do you recommend?

A: If you want to go somewhere not far from Tokyo, I recommend the Yugawara hot springs. The water is clear and odorless and has low alkalinity. Even if you have sensitive skin, there's nothing to worry about.

B: Sounds good. I want to go sometime.

A: Oh, another interesting thing is that a lot of famous artists and authors used to go there.

A: Whoa! Like who, for example?

B: Do you know the writer Natsume Soseki? He was known for going to Yugawara a lot.

語注　souvenir: 土産　odorless: 無臭の　alkalinity: アルカリ性

パワーアップ表現

① From this observation deck, the scenery is really magnificent.
その展望台からの景色はほんとうに絶景です。

② You can also see Mt. Fuji clearly from the bullet train.
新幹線の窓からも富士山がきれいに見えますよ。

③ Golden Week and the obon period are quite crowded, so it's better to buy tickets ahead of time.
ゴールデンウィークやお盆の時期は、かなり混みますので前もってチケットを買っておいたほうがいいですね。

④ In Japanese junior high and high schools, students go on school trips in their second or third year.
日本の中学高校では2、3年になると修学旅行に行きます。

⑤ When I was a student, I took a month-long bicycle trip around Hokkaido.
私は学生時代に、自転車で1カ月間北海道を巡りました。

訳
A: 日本ははじめてですか？
B: そうです。今回がはじめてです。
A: どこか観光に行きましたか？
B: 浅草の浅草寺に行きました。お店がたくさんあって、お土産をいっぱい買いました。
A: 温泉には行きましたか？
B: それがまだ行ったことないんです。どこの温泉がおすすめですか？
A: 東京からだと湯河原温泉がいいですよ。お湯は無色透明で無臭、弱アルカリ性。肌の弱い人にも刺激が少ないので安心して入れますよ。
B: へえ。一度行ってみたいなあ。
A: そう、そして、ちょっとした情報だけど、多くの有名な画家や作家が愛した場所でもあるんですよ。
A: へえー。例えばどんな人ですか？
B: 文豪の夏目漱石を知っていますか？ 彼も湯河原好きで有名ですよ。

7 オリンピック

A: 日本人　B: 日本で暮らしているネイティブ

A: Do you have a favorite sport?

B: I like track and field. I especially like track events.

A: Track events?

B: That's right. There are races from 100 meters to 10,000 meters. But of course, watching the 100 meter race is the most exciting.

A: That's for sure. It's like your adrenaline goes way up when they're about to start.

B: I know! It's because the start of the 100-meter is so important. There are a lot of false starts.

A: And with the Olympics, it's only once every four years, so medals are more important than times.

B: That's true. There are many athletes who make world records, but only get silver medals. Medals mean more than records.

語注　adrenaline: アドレナリン　false start: フライイング

パワーアップ表現 Power up!

1 The types of events held in the Olympics are gradually changing.
オリンピックの大会種目は毎回少しずつ違っていますね。

2 In the Olympics, French is the number one official language, isn't it?
オリンピックではフランス語が第一公用語となっていますね。

3 I'm always really interested in what the opening ceremony is going to be like.
私はいつもオリンピックの開会式のセレモニーに興味があります。

4 There's a lot of excitement in the air during the Olympics, isn't there?
オリンピックの時期はみんなかなり盛り上がりますよね。

5 The only events that have continued unchanged since the first Olympic Games are track and field, swimming, gymnastics and fencing.
第1回大会から変わらずに続いている競技は、陸上・競泳・体操・フェンシングだけなんですよ。

訳
A: 好きな競技はありますか？
B: 陸上が好きです。特にトラック競技が好きですね。
A: トラック競技ですか？
B: そうです。100メートルから1万メートルまでありますが、やっぱり100メートルは見ていて興奮しますね。
A: 確かに、スタート前には手に汗握る感じですね。
B: そうですよ。100メートルはスタートが大切ですから。フライングも多いですしね。
A: オリンピックは4年に一度ですから、タイムよりもメダルが重視されますね。
B: そうですね。たとえ、世界新記録でも銀メダルしか取れない選手も多いようです。記録よりもメダルなんですね。

8 ゴルフ

A: 日本人　B: 日本で暮らしているネイティブ

A : Have you ever played golf?

B : I have. I play a lot on the weekends.

A : What's your score like?

B : I finally just started breaking 100!

A : That's amazing, to break 100! I haven't broken 100, so recently I don't really play.

B : It's taken me five years to get to this score.

A : Five years, huh? Is that a long time?

B : They say it takes four years on average from the time you start playing golf, so I don't think it's that long.

パワーアップ表現

❶ People think playing golf is a must for businesspeople in Japan.
日本ではビジネスパーソンにとって、ゴルフができたほうがよいと思われています。

❷ Recently I've been practicing golf a lot. That way I can get enough exercise.
最近はよくゴルフ練習に通っています。運動不足の解消になります。

❸ Every time I go to the course, I get caught in a bunker [sand trap].
私はコースに出るといつもバンカーにつかまってしまいます。

❹ This course has the most beautiful fairways I've ever seen.
このコースは今まで見たフェアウェイのなかでいちばん美しい。

❺ There aren't so many female golfers who can hit the ball 300 yards.
女性で300ヤード飛ばせるゴルファーはそんなに多くありません。

訳
A: ゴルフをしたことある？
B: あるよ。週末にはよくいく。
A: どのくらいのスコアで回るの？
B: やっと100を切れるようになってきたところ。
A: それはすごいね。100を切るなんて。私はなかなか100が切れなくて最近はあまりやってない。
B: 私もこのスコアになるまでに5年もかかっちゃった。
A: 5年かあ。それは長いほうなのかな。
B: 平均はゴルフデビューから4年って言われているからそんなには長くないけど。

9 サッカー

A: 日本人　B: 日本で暮らしているネイティブ

A : Do you like soccer?

B : Yes. I mostly like to watch soccer.

A : Brazil is strong in soccer, isn't it?

B : Yeah! Since the World Cup began in 1930, Brazil has won five times!

A : You seem to know a lot about soccer. May I ask you some more questions? What countries have won so far?

B : The winning countries are Uruguay, Italy, Germany, Brazil, England, Argentina, France and Spain. There are eight countries.

A : The games have been held 20 times, but only eight countries have won?

B : The countries called "Soccer Powerhouses" always show up in the final tournament. It seems like having a long soccer tradition counts for a lot.

センテンストレーニング＆
話題・生スモールトーク10連発　Part 3

▶▶ パワーアップ表現　Power up!

① The professional soccer league in Japan is called "J League."
日本のプロサッカーリーグは「Jリーグ」といいます。

② They say the sport with the most players around the world is actually basketball, not soccer.
世界の競技人口がもっとも多いのは、実はサッカーではなくバスケットボールだと言われています。

③ In a penalty shoot-out, each goal carries a lot of weight, so there's a lot of pressure on the players.
PK戦は1ゴールに重みがあるので選手にかなりのプレッシャーを与えますね。

④ The soccer [football] playing area is called the "pitch" in the UK and the "field" in the U.S.
サッカーではグラウンドのことを、イギリスでは「ピッチ」、アメリカでは「フィールド」と言ったりします。

⑤ Futsal is a sport derived from soccer. It's played with 5 players on each team.
フットサルはサッカーから派生したスポーツで5人対5人でやります。

訳
A: サッカーは好きですか？
B: 好きですよ。特に観るのが好きですよ。
A: やっぱり、ブラジルが強いですよね？
B: そうです。これまでワールドカップは1930年に始まってからブラジルが最多優勝5回です。
A: サッカー詳しそうですね。もう少し聞いてもいいですか。これまでの優勝国はどの国ですか？
B: 優勝国は、ウルグアイ、イタリア、ドイツ、ブラジル、イングランド、アルゼンチン、フランス、スペインの8カ国ですね。
A: 20回も開催されているのにその8カ国だけなんですね。
B: やっぱり、「サッカー大国」と呼ばれている国は決勝トーナメントに常に出てくるし、伝統の積み重ねがものを言っているようです。

10 テニス

A: 日本人　B: 日本で暮らしているネイティブ

A: Recently, there have been a lot of tennis matches on TV. Do you watch them?

B: Oh, you mean Wimbledon. Yes, I'm watching.

A: Compared to the other tournaments, Wimbledon gets a lot of attention, doesn't it?

B: Right. Of the four Grand Slam tournaments, it has the longest history. I feel like the excitement of watching Wimbledon is different from the Australian Open, French Open, and U.S. Open.

A: But, Wimbledon has a grass court, and I heard it's pretty difficult for the players to get used to it.

B: Absolutely. The ball speed after the bounce is faster, and compared to the clay courts it's easier to slip. There are a lot of players who have to drop out due to injury.

A: And at Wimbledon the weather is so changeable.

B: Yeah, when it rains the players can stop and rest, but the concentration they built up can disappear. So sometimes it might be a blessing and sometimes it isn't.

語注　clay court: クレイコート　drop out: 脱落する　changeable: 変わりやすい　blessing: 神の恵み

パワーアップ表現 Power up!

❶ I go to a tennis school once a week and I'm getting to be friends with other people there.
私は毎週1回、テニススクールに通って、スクールのメンバーと交流を深めています。

❷ There's soft tennis and regular tennis. Soft tennis is popular in Japan, Korea, Taiwan and other Asian countries.
テニスには軟式テニスと硬式テニスがあり、軟式テニスはおもに日本・韓国・台湾などアジアでよく行われています。

❸ I was in the tennis club in university. I still play tennis with my old friends on weekends.
私は大学時代にテニスサークルに入っていました。週末には今でも昔の友だちとテニスをします。

❹ Really fast tennis serves go over 200 kilometers per hour.
テニスのサーブは速いと時速200キロを超えますよ。

❺ They say the birthplace of tennis is France, not Britain.
テニスの発祥はイギリスではなくフランスだと言われています。

訳
A: 最近、テレビでよくテニスやってるけど見てる?
B: ウィンブルドンね。見てるよ。
A: やっぱりウィンブルドンは他の大会と比べてみんなの注目度が高いよね。
B: 確かに。四大大会のなかでももっとも長い歴史を持っているからね。全豪オープン、全仏オープン、全米オープンよりも見ているほうのテンションが違うような気がする。
A: ただ、ウィンブルドンは芝のコートだからけっこう選手も慣れるのがたいへんらしいよ。
B: そうそう、ボールのスピードもバウンドしてから速くなるようだし、足もクレイコートと比べるとすべりやすいからね。故障者も多いみたい。
A: そして、ウィンブルドンは天候も変わりやすいね。
B: そうねえ、選手にとっては雨が降れば休めるけど、集中力が続かなくなることもあって恵みの雨になることもあればそうでないことも。

3 生スモールトーク10連発

1 日本食 ラーメン
Chris: ネイティブ　Jenny: ネイティブ

CD 031

Chris : So Jenny are you a big fan of ramen?

Jenny : Well I actually don't eat a lot of ramen, but I do like the taste. I just feel bad because I can never finish a full bowl of ramen.

Chris : The portions are huge aren't they?

Jenny : They are!

Chris : Do you have a particular flavor of ramen you like or ingredients?

Jenny : Hmm, you know I think I like the vegetable based ramen, it's a little bit lighter, isn't it?

Chris : Sure, right. ❶

Jenny : So I usually choose that. But actually I really like the taste of all the ramens out there, but I just unfortunately can never finish it. But it is really good. Do you like ramen?

Chris : On occasion I haven't eaten it in a while, it's not something I seek out on a regular basis ❷ but when I do, um maybe in the winter when I need something fast and easy, I will have some ramen. I like miso ramen, for some reason a long time ago when I had miso ramen I just really enjoyed the flavor of it and so I always get miso ramen now you know when I like something I just get the same thing over and over.

Jenny : Well hey if you like it, right? And you mentioned ❸ winter time, yeah that's really nice in winter time, kind of gets you…

Chris : A nice hot steaming bowl of ramen.

Jenny : Yeah, that's the best time.

語注　portion: 一人前　ingredient: 材料、具材

ポイント解説

❶ Sure, right.
"sure"を返事として使うときは、"yes"と似たような意味ですが、"yes"より柔らかく明るい感じになります。"right"は相手の発言に対して、「正しい」という意味を含んでいます。⇒あいづちセンテンス② p.126 参照。

❷ it's not something I seek out on a regular basis
「普段から決まって探し求めているものではない」という意味で、相手が言った話題に対してあまり詳しくなかったり、特に興味があるというわけではないときに使う表現です。

❸ you mentioned ...
「〜と言ったよね」と相手が何を言ったか確かめたいときに使います。"you said..."とも言うことができます。⇒聞きとれなかったときのセンテンス① p.138 参照。

訳

クリス：ジェニーあなたラーメンが好きなの？
ジェニー：うーん、実はあんまりラーメンは食べないね、でも味は好き。ただ完食できないから困るっていうだけ。
クリス：一人前が大きいよね。
ジェニー：そうなの！
クリス：ラーメンで特に好きな味や具はある？
ジェニー：えーと、野菜ベースのラーメンが好きかなあ。少し軽めだから、そうじゃない？
クリス：そうだね。その通り。
ジェニー：だから普段はそれを選ぶの。でも実際はすべてのラーメンの味が好きなんだけど、残念ながら全部を食べきれない。でもとてもおいしいよ。あなたはラーメン好き？
クリス：しばらく食べてないなあ、ラーメンは普段から決まって探し求めているようなものじゃなくて、ただ冬なんかは早くて簡単なものが欲しいときは食べるね。味噌ラーメンが好きだね。だいぶ前に味噌ラーメンを食べたとき、本当にその味がおいしかったから、今はいつも味噌ラーメンを食べているよ。僕は好きなものを何度も食べるのが好きなんだ。
ジェニー：へえー味噌ラーメンが好きなの。冬の時期って言ったけど、冬の時期は本当にラーメンはいいよね。
クリス：とても温かい湯気の立つラーメン。
ジェニー：そう、いちばんいい時期ね。

3 生スモールトーク10連発

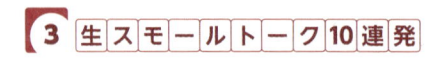

2 日本食　ラーメン
Ian: ネイティブ　Natsuki: 日本人　　CD 032

Natsuki: Do you eat ramen?

Ian : I have eaten ramen. Sometimes.

Natsuki: Do you like it? ❶

Ian : Yeah, it's okay.

Natsuki: Uh… Do you eat ramen after you drink? ❷ Some Japanese people drink… after they have a drink to finish up.

Ian : Um, no but um I-I know people do. My wife does sometimes.

Natsuki: Don't you go? ❸

Ian : Me? No. I mean, she'll go to ramen after she's been drinking. Uh, yeah there's a miso ramen place around the corner from our apartment that is pretty good and so sometimes she goes there. But if I've been drinking, I don't usually stop and get any food on the way back.

Natsuki: Alright.

ポイント解説

❶ Do you like it?
相手が「ときどき食べる」と言ったことに対してラーメンが好きかどうかを聞くことによって、ラーメンに関心があるかをさぐっています。

❷ Do you eat ramen after you drink?
「日本人のなかにはお酒を飲んだあとにラーメンを食べる人がいる」という具体的な例を提示して、相手にラーメンについてもっと話してもらえるように誘導しています。

❸ Don't you go?
「自分自身は行かないの?」と質問することで相手のことをもう少しさぐって、ラーメンについて話題をふくらませようとしています。

訳

なつき：ラーメンは食べる?
イアン：食べてるよ。ときどき。
なつき：ラーメンは好きなの?
イアン：うん、そうね。
なつき：お酒を飲んだあとラーメンを食べる? 日本人のなかには飲んだあとに締めのために(食べる)人もいるけど。
イアン：うーん、いや、みんなそうするの知っているけど。私の妻もときどきそうしているね。
なつき：あなたは行かないの?
イアン：僕? いや、飲んだあと彼女はラーメンを食べにいくね。僕たちのアパートの角に味噌ラーメンの店があってそれがとてもおいしいんだけど、彼女はそこに行くね。でも、僕は飲んでもふつうは帰る途中では寄って何か食べるということはないね。
なつき：そうなんだ。

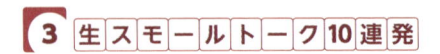

3 日本食　大豆食品

Chris: ネイティブ　Jenny: ネイティブ

CD 033

Jenny: So Chris, you mentioned you don't eat a lot of meat. So do you eat a lot of soy-based foods?

Chris: On occasion I do, yeah. I mean, just this morning I had cereal and I had soymilk, so I do drink a lot of soymilk, or at least put it over my cereal. Um, tofu I like, fried tofu, or um, what do you call it ❶ fried tofu, yaki-dofu, yaki-dofu…

Jenny: Oh, yaki-dofu.

Chris: Which I'll have. Um natto, not so much.

Jenny: Oh really? ❷

Chris: It's not that I mind the taste. You know a lot of foreigners have a problem with eating natto, and I think the taste is ok, but it's just so stringy.

Jenny: Oh, I thought you were going to say the smell, but it's the, yeah the stickiness or…

Chris: I don't mind the smell either but it's the stickiness and it's the stringiness and it's just so hard to eat, I can't get it in my mouth!

Jenny: It is a bit tricky to eat, it's hard to be really clean when you eat natto, right? ❸ I feel like it's easy to get it everywhere.

Chris: Right, right. Maybe with rice or something it goes down a little easier.

語注　cereal: シリアル　soymilk: 豆乳　stringy: 糸を引く、粘質の　stickiness: べたつき
stringiness: 糸引き

センストレーニング＆
話題・生スモールトーク10連発　Part 3

ポイント解説

① what do you call it
「なんて呼ぶのかな」という意味で、名前がわからないときなどに使います。"what is it called"ということもできます。

② really?
「本当?」と相手に対して確かめる意味で、あいづちのセンテンスとしてもっともよく使う表現です。⇒あいづちセンテンス③ p.128 参照。

③ right?
「そうじゃない?」と相手に対して同意を求めるシンプルな表現です。

訳

ジェニー：クリス、そんなにお肉を食べないって言ってたけど、大豆食品はたくさん食べるよね。

クリス：ときどき食べるね。ちょうど今朝もシリアルと豆乳を食べたから、豆乳をたくさん飲むね。少なくともシリアルにかけるよ。うーん豆腐も好き、フライドした豆腐、うーんフライした豆腐ってなんていうんだろう。焼き豆腐、焼き豆腐……

ジェニー：あー焼き豆腐ね。

クリス：そう食べるね。納豆はあまり……。

ジェニー：えー本当?

クリス：味が嫌なわけじゃない。多くの外国人が納豆を食べるのに苦労しているでしょ。味はいいんだけど、ただとてもネバネバするんでね。

ジェニー：においのことを言うのかと思ったら、ネバネバのこと……。

クリス：においは嫌じゃないんだけどネバネバと弾力性がね。そして食べづらいこと、口のなかに入らないよ！

ジェニー：ちょっと食べづらいよね。納豆を食べるときは本当にきれいにするのが難しいよね。どこかに行っちゃうし。

クリス：そうそう。ご飯か何かと食べると下に落ちやすい。

3 生スモールトーク10連発

4 日本食　大豆食品
CD 034
Ian: ネイティブ　Natsuki: 日本人

Ian : For me, I guess the time that I – the situation I encounter soybeans is when you're at um, like an Izakaya or Yakitori place. That often, there'll often be um edamame. That you can, you just sort of pick up while your drinking things. So that, you know, that's something that um I'll get. Yeah and tofu, I guess, sometimes.

Natsuki: Yeah. How do you eat tofu?❶ Do you eat, like raw?

Ian : Um, y-yes. S-sometimes raw, you know, with soy sauce and uh, you know, some other kinds of um…. I don't know. Some like…

Natsuki: Some toppings?❷

Ian : Yeah. Ginger or uh like some dried fish or something like that. And sometimes if I'm like cooking Chinese, I'll sometimes but tofu in the kind of stir-fry or something.

Natsuki: Yeah, yeah. Very good! Uh, I can't eat natto.

Ian : Ah.

Natsuki: How about you?❸

Ian : Mmm, not sure if I need to.

Natsuki: Do you eat them?

Ian : No. Not as a rule. I don't have strong opinions about it one way or the other. It's not something I'd usually choose to eat, but it's not something I'd kind of turn down if it was there.

Natsuki: Hmm, okay.

語注　encounter:(偶然)出会う　stir-fry:(かき混ぜながら)強火ですばやく炒める

ポイント解説

① How do you eat tofu?
相手が「豆腐」の話題に触れたことを逃さず、豆腐をどのように食べるか聞いています。そのまま食べるのかどうかなど具体的に聞くと話が深まります。

② Some toppings?
相手が言葉に詰まってしまったため、代わりに相手の言いたいことをひとことで確認してあげています。

③ How about you?
「あなたはどう？」と相手に話を振って相手のことを話してもらいたいときによく使う表現です。

訳

イアン：僕にとって大豆は居酒屋や焼き鳥屋のようなところで会うかなあ。よく枝豆があるからね。お酒を飲んでいるときにつまんで食べる、だから、そういう感じのものかなあ。そして、豆腐かな、ときどきね。

なつき：豆腐はどうやって食べるの？ そのまま食べるの？

イアン：そうね。ときどきそのままで、ほら、醤油そしてなんか……う〜ん、わかんないなあ……。

なつき：何かトッピング？

イアン：そう、しょうがや鰹節のようなもの。そして、ときどき中華料理を作るときに、ときどき強火ですばやく炒めるものに入れるね。

なつき：そう、そう、いいね！ うーん、納豆は食べられないの。

イアン：ふーん。

なつき：あなたはどう？

イアン：うーん。食べる必要があるのかなあ。

なつき：食べるの？

イアン：いや、ふつうは食べない。納豆についてはあまり強い意見がなくて。ふだん選んで食べるものではないけど、でももしそこにあったら断るようなものでもなくて。

なつき：そうかあ。

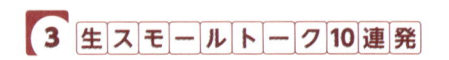

5 日本食　お茶

Chris: ネイティブ　Jenny: ネイティブ

Chris : So um Jenny, um living in Japan, you drink a lot of Japanese tea, like green tea, or?

Jenny : I do ❶ , I love it. I think, I didn't really drink a lot of tea before I came to Japan and now I look back and think how did I ever go without it?

Chris : Sure ❷ , yeah, yeah.

Jenny : Um, it's just, especially with meals, I think tea is, Japanese tea is the best when you're having a meal. I can't have any soda or milk or anything else, like tea seems to be the best for me, unless it's water. So um yeah, Japanese tea has really kind of become my favorite.

Chris : Sure ❷ , we're um, being Americans we always have like milk in the refrigerator and it's always we have milk with our meals, but ever since you know, moving to Japan in my refrigerator there is a little bit of milk for coffee maybe, but usually I'll have a big bottle of green tea, you know o-cha, and a then I'll have big bottle of oolong cha.

Jenny : Yeah ❸ , that's another favorite too. I know I always forget because when I visit my family back home in the states they still put out the milk for dinner and I'm like "oooh where's the tea?"

センテンストレーニング＆
話題・生スモールトーク10連発　Part 3

ポイント解説

❶ I do
"you drink ...?"（～を飲む）という相手の質問に対して、シンプルに"I do"と答えています。

❷ Sure
"Yes"と同じような意味ですが、"Yes"よりも柔らかく明るい感じになっています。
⇒あいづちセンテンス② *p.*126 参照。

❸ Yeah
"yes"よりもくだけたあいづち表現です。⇒あいづちセンテンス① *p.*124 参照。

訳

クリス：ジェニー、日本に住んでいて日本茶をたくさん飲む？ 緑茶のようなもの？
ジェニー：飲むわ。大好き。日本に来るまではあまりお茶を飲まなくて、今思い返してみると何でお茶なしでやっていけたのかと思うわ。
クリス：うん、そうそう。
ジェニー：うーん、食事といっしょだと特別。食事のときは日本茶がベストね。私は炭酸や牛乳なんかは飲めない。私にとっては水がないときはお茶がベストね。だから、そう、日本茶は本当に私のお気に入りのようなものになったわね。
クリス：そう。僕らアメリカ人はいつも冷蔵庫に牛乳のようなものを入れていて、食事には牛乳がついている。でも、日本に来てからは冷蔵庫にコーヒーのための牛乳はあるかもしれないけど、たいていは緑茶の大きなボトルがあって、そうお茶、それから烏龍茶の大きなボトルもある。
ジェニー：そう。それはもうひとつのお気に入りでもあるの。アメリカに帰って家族に会いに帰るとき、家族は夕食に牛乳を出しているんだけど、私は「お茶はどこ？」ていう感じ。

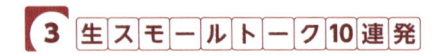

6 日本食 お茶

Ian: ネイティブ　Natsuki: 日本人

Ian : When I first came to Japan, like I found – when I first visited, you know, 20 years ago or something – I was a student and I found like tea in a vending machine and it was just this green thing. I thought, "Oh that looks delicious. I'll try that!" And it wasn't.

Natsuki: Yeah, you didn't like it. ❶

Ian : I-I can drink it now.

Natsuki: Yeah. I think tea from just the – you know making tea with the hot water, that's better. ❷

Ian : But I'll drink… I-I usually… I, you know, I didn't drink tea very much in England either, you know. I mean, I'll drink tea more than coffee, but I don't really drink either very much. But I drink like… well oolong tea, I guess I like better.

Natsuki: Hmm, better than green tea? ❸

Ian : Yeah. And better than English tea as well actually.

Natsuki: Oh, okay.

ポイント解説

❶ you didn't like it
相手が" it wasn't (delicious) "と言っているのに対して言い替えています。自分が相手の言っていることをしっかり聞いているということを伝える役割も果たしています。

❷ you know making tea with the hot water, that's better.
相手が自動販売機で買ったお茶はおいしくないと言ったことに対して、お茶はお湯で入れたほうがおいしいと自分の意見を述べています。

❸ better than green tea?
相手が烏龍茶が好きだと言ったことに対して、日本茶との比較をして相手の好みをさらに聞き出しています。

訳

イアン：僕がはじめて日本に来たとき、20年くらい前、学生で自動販売機でお茶のようなものを見つけたんだ。それがちょうど緑のだったんだけど、「おいしそうだな、飲んでみよう」と思ったんだけどおいしくなかった。

なつき：ああ、それが好きじゃなかった。

イアン：今は飲めるけどね。

なつき：お茶はお湯で作るのがよりおいしいと思う。

イアン：でも、飲むね。ふつうは。イギリスではあまりお茶を飲まなかったんだ。コーヒーよりはお茶を飲むけど、どっちもあまり飲まないね。でも、烏龍茶のようなのは飲むね。好きなんだと思う。

なつき：うーん、緑茶よりもいい？

イアン：そね。実は紅茶よりもいいね。

なつき：へえそうねの。

7 日本食　お酒

Chris: ネイティブ　Jenny: ネイティブ

Jenny: So Chris do you drink sake, Japanese sake?

Chris: Japanese sake, you know, again it's not something that I seek out on a regular basis ❶ , but if I go to an izakaya, I will ask for a bottle of hot nihonshu or something.

Jenny: You know I don't know anything about Japanese sake and I always want to buy it for friends like as an omiyage or you know when you bring a gift home to your friends overseas, um because I have lots of friends that like it, but I don't drink alcohol so much because my stomach doesn't seem to agree with it, so I just don't really know anything about it.

Chris: Yeah, I'm in the same boat. ❷ I don't know much about it either except that I do enjoy it with a Japanese meal, a hot sake in the wintertime and maybe something cold in the summer, with Japanese food.

Jenny: That's the big difference between sake and like I guess beer or wine or something, sometimes you can have it hot or cold, right?

Chris: That's right ❸ , yeah, that's nice that way.

ポイント解説

① it's not something that I seek out on a regular basis

「普段から決まって探し求めているものではない」という意味で、相手が言った話題に対してあまり詳しくなかったり、特に興味があるというわけではないときに使う表現です。p.174 でも使用。

② I'm in the same boat.

相手と同じ問題を抱えたり、同じような苦労をしたりして共感できる気持ちを表す表現です。相手がお酒についてあまり知らないと言ったことに対して思いやりのあることばとなっています。

③ That's right

あいづちのセンテンスとしてよく使う表現です。ここでは "That's true." と言うこともできます。

訳

ジェニー：クリス、あなたはお酒を飲む？ 日本酒。
クリス：日本酒も普段から決まって探し求めているものではないんだけど、居酒屋に行くなら、熱燗か何かを頼むね。
ジェニー：日本酒については何も知らないんだけど、お土産としてや海外の友だちに贈りものを持っていくときいつも買いたいなと思っているの。だってお酒が好きな友だちが多いけど、私はアルコールそんなに飲めないから。お腹があまり受けつけなくて、だからお酒についてはあまり知らない。
クリス：そうねえ。僕も同じだね。お酒についてはあまり知らなくて。ただ、日本食といっしょに、そして冬の時期には熱燗を楽しんだりする。そして夏には日本食といっしょに冷たいお酒を楽しんだりする。
ジェニー：それが酒とたぶんビールやワインなんかの大きな違いね。温かくしたり冷やして飲むことができるもの、そうでしょ？
クリス：そうだね。うん。そうできるのはいいよね。

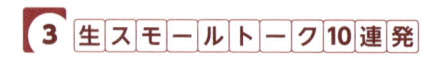

8 日本食　お酒

Ian: ネイティブ　　Natsuki: 日本人

Natsuki: How about Japanese sake? ❶ They have more stronger percentage of alcohol.

Ian: Japanese sake tends to be like kind of a strong wine. The level, right? The alcohol level.

Natsuki: I guess so.

Ian: Like 16% or something.

Natsuki: Probably, yeah.

Ian: Um sure, I drink that sometimes. Um, if I'm with friends who are drinking… …it, then I will. S…like, shochu is the most dangerous one. Very easy to drink, but very, very strong.

Natsuki: Do you mix with something? With shochu? Or just go straight? ❷

Ian: Um…It depends. Who I…it depends who I'm drinking with. Usually, you know, with um, with water or something. Ice or water.

Natsuki: Do you drink at your home?

Ian: Um, beer. Sometimes wine. W-with a meal or something. How about you? ❶

Natsuki: I want to drink but I can't because I'm pregnant right now. ❸ I really, really want it! I tried the non-alcohol beer last month, but it didn't really taste good. But, uh, it's okay. Just filled me with the feeling that I had a beer.

Ian: Right.

Natsuki: So, that's enough for me. For now.

Ian: It works for a short time.

Natsuki: Yeah, yeah, yeah.

語注　pregnant: 妊娠している

ポイント解説

① How about ...?
"How about ... ?"は相手に話題を振るときによく使います。⇒話題を振るときのセンテンス p.120 参照。

② Do you mix with something? With shochu? Or just go straight?
相手が焼酎のことを話してきたため、話をふくらませるために飲み方を聞いています。

③ I'm pregnant right now.
自分のことを聞かれたときは大いに語りましょう。このセンテンスから以下はお酒が好きだけど飲めない状況について、ノンアルコールビールで雰囲気だけでも……という気持ちがよく伝わってきます。

訳

なつき：日本酒はどう？ よりアルコールの強いものなんだけど。
イアン：日本酒はどちらかというと強いワインのようなものなんだけど、強さが、そうでしょ？ アルコールのレベルが。
なつき：そうだと思う。
イアン：16%くらいかな。
なつき：おそらく、そう。
イアン：そう、ときどき飲むよ。日本酒を友だちが飲んでいるときには。それから、焼酎はもっとも危険だね。飲みやすいけど強い。
なつき：何かと混ぜる？ 焼酎と。それともストレートで？
イアン：うーん、場合によるね。飲む相手による。たいていは、ほら、水や何かで、アイスか水で。
なつき：家では飲むの？
イアン：うーん、ビール。ときどきワイン。食事か何かといっしょにね。あなたはどう？
なつき：飲みたいけど、飲めない。今妊娠中だから。本当に飲みたいのに。先月ノンアルコールビールに挑戦したけど、そんなにおいしくなかった。でもまあいいの。ビールを飲んだ感覚になれるから。
イアン：そうだね。
なつき：だから今のところ十分、今のところは。
イアン：酔うのは少しの時間だけだからね。
なつき：そう、そう、そう。

9 天気

Chris: ネイティブ　Jenny: ネイティブ

CD 039

Jenny : Well what do you think about today's weather?

Chris : Well you know ❶ it is the rainy season so it's to be expected.

Jenny : That's true. ❷

Chris : And it is summer time, so you know on one hand, it's, it's you know, you have to get the umbrellas out but it's also cool, it's a little humid, but it's cool, so…

Jenny : That's true! ❷

Chris : I guess I don't mind it so much especially at night when I'm trying to sleep I can open up the windows and it's not too bad.

Jenny : You know ❶ what really bothers me though is bringing the umbrella with you everywhere you go and then, at least for me, I tend to leave my umbrella everywhere I go!

Chris : Oh, really?

Jenny : So I feel like I'm constantly buying new umbrellas and then always forgetting them either on the train or you know at some building I leave it at, you know you have that area where everyone puts their umbrellas and then everyone's umbrella looks the same, right?

Chris : Right ❸ , yeah.

ポイント解説

❶ You know...
「あのね」「あのー」「ねえ」といった意味で、相手に理解してほしいことを期待しておもに文頭で用います。

❷ That's true.
相手が言ったことに対してシンプルに答えています。⇒あいづちセンテンス②
p. 126 参照。

❸ Right
この会話中には " That's true. " " Really? " " Right. " と 3 つのあいづちフレーズ出てきました。相手が使ったセンテンスと同じにならないように無意識に表現を替えたのかもしれません。

訳

ジェニー：今日の天気どう思う？
クリス：梅雨の時期だから予想通りだね。
ジェニー：そうだよね。
クリス：そして夏の時期だから、片手で傘を持たなければならないし、でも涼しいけど、少しむしむしするし、でも涼しいし……。
ジェニー：そうだよね。
クリス：特に夜はそんなに気にしないんだけね。窓を開けて寝られるしそんなに悪くない。
ジェニー：本当に面倒なことは、傘を持っていくと、少なくとも私は行った先々で傘を忘れてきちゃうことなの！
クリス：え、本当？
ジェニー：だから絶え間なく新しい傘を買っている感じで、いつも電車やビルで忘れちゃって、みんなが傘を置いていくから、みんなの傘が同じように見えるのよ、そうでしょ。
クリス：そうだね。

3 生スモールトーク10連発

10 天気

Ian: ネイティブ　Natsuki: 日本人

CD 040

Natsuki: It's been terrible weather recently. With this humid (humidity) and lots of weather changing. Suddenly, raining. Do you always bring, like [an] umbrella with you?

Ian: Uh, no. Unless the weather forecast says there's gonna be rain or there seems to be a chance. I- I just lose umbrellas.

Natsuki: You do? ❶

Ian: I always do.

Natsuki: Because you use the instant…uh, I mean the vinyl ❷ ?

Ian: Uh, plastic.

Natsuki: Yeah, plastic ones.

Ian: Um, well certainly I lose them a lot, but I'm always scared to bring a good umbrella because I'll probably lose that as well.

Natsuki: Do you have a good one?

Ian: No. Not anymore. Um, but yeah, it's always very - always very humid this time of year, isn't it?

Natsuki: Yeah. Do people in England usually use umbrella[s]? ❸ You know, because I've seen lots of Americans or England…doesn't use umbrella even if it's raining.

Ian: Well, there's kind of 300 yen plastic umbrellas you can buy in convenient stores. You don't really get those. So if people have an umbrella, they've bought a nice umbrella from a department store, and they're going to… they're only going to bring it with them if it's important. So maybe a little bit of rain or showers or something, they might just pull up on their coat. Yeah, maybe something like that.

ポイント解説

❶ You do?
相手が「〜する」と言っていることに対して、シンプルな文で受け答えをしています。ちなみに「したの?」は"You did?""Did you?"などと言います。⇒あいづちセンテンス③ *p.128* 参照。

❷ vinyl
"vinyl umbrella"という言い方もありますが、"plastic umbrella"というほうが一般的です。ネイティブも"plastic"と確認しています。

❸ Do people in England usually use umbrella[s]?
「イギリスとアメリカではいつも傘を使っている?」と質問し、相手の国のことを聞き出そうとしています。

訳

なつき：最近はひどい天気ね。この湿気と天気の変化で。突然雨になる。いつも傘を持っているの?

イアン：いや、天気予報で雨になるというときや雨が降りそうなとき以外は持たないね。傘をなくしちゃうし。

なつき：なくすの?

イアン：いつもなくす。

なつき：インスタントのを使っているから、ビニールの。

イアン：あー、ビニールのね。

なつき：そうビニールの

イアン：うーん、確かに傘を何度も忘れる。でもいい傘を持ち歩くのはいつも怖くてね。おそらくそれもなくすだろうから。

なつき：いい傘を持っているの?

イアン：いや、もう持っていない。一年のこの時期はいつもむしむししているよね。

なつき：そうね。イギリスの人はいつも傘を持っているの? ほら、たくさんのアメリカ人やイギリス人に会っても、雨でも傘を使わないから。

イアン：コンビニで買える300円のビニール傘なんかがあるけど、みんな本当にそれは買わないね。傘を持っている人は、デパートでいい傘を買っていて大切なときに持っているようにしている。だから、少しの雨やにわか雨ではコートを持ち上げているね。うん、たぶんそんな感じかな。

● 本文中の写真・イラスト

p.37 istockphoto.com/ChristianChan
p.47 istockphoto.com/Smileyjoanne
p.67 istockphoto.com/Linda Steward
p.79 istockphoto.com/innovatedcaptures
p.111 istockphoto.com/mik38
p.45 istockphoto.com/laflor
p.51 istockphoto.com/narvikk
p.77 istockphoto.com/dutch icon™
p.99 istockphoto.com/dule12

英語でおしゃべり
スモールトークに強くなる

2016年9月10日 第1版第1刷 発行

編：コスモピア編集部

装丁・デザイン：松本 田鶴子
カバーイラスト：ふるやたかし
ナレーション：クリス・コプロスキ、ジェニー・シマ、イアン・マーティン、立花なつき
校正：高橋清貴
英文校正：ソニア・マーシャル

発行人：坂本由子
発行所：コスモピア株式会社
　〒151-0053
　東京都渋谷区代々木 4-36-4 MC ビル 2F
営業部：Tel:03-5302-8378
　　　　email:mas@cosmopier.com
編集部：Tel:03-5302-8379
　　　　email:editorial@cosmopier.com

http://www.cosmopier.com/ ［コスモピア・全般（一般用）］
http://www.cosmopier.net/ ［コスモピアクラブ（会員用）］
http://www.kikuyomu.com/ ［多聴多読ステーション］
http://www.e-ehonclub.com/ ［英語の絵本クラブ］

印刷製本：シナノ印刷株式会社
CD 編集・製作：株式会社メディアスタイリスト

©2016 CosmoPier Publishing Company, Inc.

英語習慣をつくる
1日まるごと表現 600 プラス

忙しい社会人のための最短学習方法

本書では、朝、通勤、仕事、スキマ時間、家事、アフターファイブなどの項目ごとに、生活習慣のコアになる基本表現を集めました。さらに色々なシチュエーションに対応できるように、現在形とともに、疑問文、否定文、進行形、過去、現在完了、未来を表す表現も並列し、より活用できる表現集になっています。自分の日常生活を題材にすれば、生活に根ざしたリアリティのあるものとして、英語はグングン自身自身の中に定着します。

コスモピア編集部 編
B6 判書籍 288 ページ
＋ CD-ROM（MP3 音声 4 時間）

定価 本体 1,600 円＋税

声に出す！
英語習慣 100 日手帳

100 日分の英作文課題

本書は『英語習慣をつくる1日まるごと表現 600 プラス』の姉妹編です。本書が提案するのは、ひとりひとりの日常生活の英語化。自分にとってリアリティのある英語なら、すんなり身につくものですし、感情を込めて話すこともできます。100 日間、課題に沿って自分のことを英文で表現し、声に出して言ってみましょう。100 日繰り返せば、英語を口にする習慣がきっと身につきます。

監修・著者：田中茂範
コスモピア編集部 編
B6 判書籍 173 ページ＋音声無料ダウンロード

定価 本体 1,300 円＋税

コスモピア・サポート

いますぐご登録ください！ 無料

「コスモピア・サポート」は大切なCDを補償します

使っている途中でキズがついたり、何らかの原因で再生できなくなったCDを、コスモピアは無料で補償いたします。
一度ご登録いただければ、今後ご購入いただく弊社出版物のCDにも適用されます。

登録申込方法
本書はさみ込みハガキに必要事項ご記入のうえ郵送してください。

補償内容
「コスモピア・サポート」に登録後、使用中のCDにキズ・割れなどによる再生不良が発生した場合、理由の如何にかかわらず新しいCDと交換いたします（書籍本体は対象外です）。

交換方法
1. 交換を希望されるCDを下記までお送りください（弊社までの送料はご負担ください）。
2. 折り返し弊社より新しいCDをお送りいたします。
   CD送付先
   〒151-0053　東京都渋谷区代々木4-36-4
   コスモピア株式会社「コスモピア・サポート」係

★下記の場合は補償の対象外とさせていただきますのでご了承ください。
● 紛失等の理由でCDのご送付がない場合
● 送付先が海外の場合
● 改訂版が刊行されて6カ月が経過している場合
● 対象商品が絶版等になって6カ月が経過している場合
● 「コスモピア・サポート」に登録がない場合

＊製品の品質管理には万全を期していますが、万一ご購入時点で不都合がある「初期不良」は別途対応させていただきます。下記までご連絡ください。

連絡先：TEL 03-5302-8378
　　　　FAX 03-5302-8399
　　　　「コスモピア・サポート」係

Act in English シリーズ 通信講座

声に出す！スピーキング基礎コース

●基本パック 19,000 円＋税　●オンライン・レッスン付きフルパック 23,000 円＋税

受講期間 3 カ月　　**学習時間の目安** 1 日 20 分×週 5 日

コースのねらい

英語を、実際にはほとんど話したことがない方のためのコースです。たとえ今は英語を話す環境にないとしても、毎日の生活のあらゆる場面を英語レッスンの場にして、どんどん口に出すことを実践します。授業でずっと英語を習ってきても、身の回りの生活用語は意外なほどに知らないものです。自分にとって最も必要で切実な英語を身につけることからスタートしましょう。

こんな方におすすめします

タイプ❶

TOEIC スコア 260 ～ 400 点程度

もともと英語が苦手な方

- 基本的な文法知識があやふや
- 話せるのは定番のあいさつと単語の羅列
- どこからどう手をつければいいのかわからない

タイプ❷

TOEIC スコア 500 点前後

スピーキング練習をしてこなかった方

- 文法の基礎力はある
- 「読む」「聞く」がメインの学習をしてきた
- 頭の中で考えていて、口から出てこない

カリキュラム表

		テーマ	1 日目	2 日目	3 日目	ツールボックス
vol.1	1週	朝	目覚めてから、家を出るまで	目覚める、眠い、歯磨き	朝食をつくる、ゴミ袋を出す	make、put on を使った表現
	2週	通勤・交通	通勤の道順、電車に乗る	自宅から駅まで	列車に間に合う、電車を乗り換える	go、get を使った表現
	3週	スキマ時間	スマホ活用法、コンビニの機能	メール、ツイッター、フェイスブック	公共料金を払う、お金をおろす	check、use を使った表現
	4週	家事と子育て	いろいろな家事、育児	洗濯をする・干す、部屋を片付ける	買い出しに行く、保育園の見送り	do、turn を使った表現
vol.2	1週	仕事	会社に到着、ミーティング	スケジュール確認、優先順位	自分の提案を説明、予算について	take、put を使った表現
	2週	仕事	来客と打ち合わせ、クライアント訪問	名刺交換、ランチ、アポイントの電話	新製品の説明、交渉	have、ask for を使った表現
	3週	仕事	各種書類作成、売上データ分析	コスト計算、上司の承認	納期を守る、作業過程を見直す	make、get を使った仕事表現
	4週	アフターファイブ	居酒屋、レストラン、ジム、買い物	同僚と飲み会、顧客の接待	友人と待ち合わせ、子どもを引き取る	go を使った表現
vol.3	1週	夜	帰宅、リラックスタイム	夕食の準備、夕食を食べる	天気予報を見る、お風呂に入る	テレビ、台所、入浴
	2週	週末	家でのんびり、お出掛けと習い事	何もしない1日、テーマパーク	美術館に行く、日帰り旅行	go を使ったレジャーの表現
	3週	休暇・旅行	国内旅行、海外旅行	田舎に帰省、新幹線の予約	有給休暇を取る、海外旅行に行く	take、reserve を使った表現
	4週	日本の四季	春と夏の行事、秋と冬の行事	花見に行く、花粉症、梅雨入り	ぶどう狩りに行く、クリスマス、お正月	気象・気候、風物詩

学習方法

●たとえば今週の学習テーマは通勤

1日目 イラストを見ながらその週のテーマの英語表現を音声とともに確認します

2日目 ひとつの表現から、過去形、完了形、否定文、疑問文、WH疑問文などのバリエーションをつくる練習をします

3日目 「電車に乗る」→「満員電車に乗る」→「東京行きの満員電車に乗る」のように、内容を付け足しながら、文を長くする練習をします

4日目 自分自身の通勤ルート、交通手段、所要時間などを具体的に英語で説明してみましょう

5日目 6往復前後の会話にチャレンジ。CDの音声を相手に、A、Bのパートを変えてサンプル会話のロールプレイをしたあとは、いよいよ自分なりの回答を発信します。スムーズな会話のやり取りのリズム感を体得しましょう

4日目	5日目	定番表現	
自分の名前、年齢、住所	初対面の会話、朝の会話	出会いのあいさつ	
通勤経路を説明	会社の同僚との会話	誰かを紹介する	
得意なこと、苦手なこと	趣味についての会話	会話の始まりと終わり	
いま住んでいるところを説明する	家事に関する会話、近所に関する会話	別れ際のあいさつ	テスト
勤務先、業種、業務内容	仕事の確認の会話、今の仕事に関する会話	電話を取り次ぐ	
自分の担当、将来の希望	外国人の来客との会話	電話を取り次ぐ[不在の場合]	
一日の流れを説明する	今日の出来事についての会話	電話を取り次ぐ[伝言を聞く]	
趣味、習い事を説明する	ダイエットに関する会話	電話を取り次ぐ[伝言の確認]	テスト
家族構成	肉じゃがの作り方を教える	相手の言葉が聞き取れなかったとき	
友だちについて話す	週末の過ごし方に関する会話	発言内容や真意が理解できないとき	
好きなテレビ番組、好きな映画	観光名所を勧める、おすすめ映画の紹介	言葉に詰まったときのつなぎ言葉	
生まれ故郷について話す	日本の夏の楽しみ方を教える	別の表現で言い換える	テスト

スマホ、タブレット、パソコンでも学習できます。テキストとCDに加えて、「電子版」も自由に利用できます

スマホ版は小さい画面に完全対応したレイアウト。ストレスなく学習できます

Act in English シリーズ
通信講座

どんどん話せる！
スピーキング実践コース

―― こんな方におすすめします ――

タイプ ③
TOEIC スコア 400 ～ 600 点台
実際に話す機会が少なかった方
- まだまだ英語で話すことに苦手意識がある
- 話してみると、よくわかっている時制や複数形などの簡単なところで間違いが出る
- 身近な話題であれば比較的スムーズに話せる

タイプ ④
「スピーキング基礎コース」からの継続
培った英語習慣をさらに強化したい方
- 定番表現や短い文は OK。内容の伴った話を長く続けるのには難を感じる
- 質問にはすばやく答えられても、会話の流れを自分から組み立てるのはまだ無理

カリキュラム表

		1～3日目 生活表現と活用・説明	コラム 発音レッスン	4日目 コミュニケーション・ストラテジー	コラム Quiz 英語で説明
vol. 1	1週	朝	なぜ発音が大事なのか	アイコンタクトから自己紹介・握手	大人買い／リア充
	2週	通勤・交通機関	最大の「音」の壁は	相手の名前や呼び名を確認する	まとめサイト／ゆるキャラ
	3週	スキマ時間	声出し練習の方法	理解できていないことを相手に伝える	イケメン／メタボ
	4週	家の仕事と子育て	トレーニング構成チャート	相手を褒める、褒められたときの受け答え	スーパー銭湯／ブラック企業
vol. 2	1週	仕事[勤務先・業種]	子音 [s] の発音力をつける	聞き返しのさまざまな方法	残念な人／面倒な人
	2週	仕事[ミーティング]	子音 [r/l] の発音力をつける	沈黙を避ける、時間を稼ぐには	アラフォー／元カレ・元カノ
	3週	仕事[1日の仕事の流れ]	子音 [f/v] の発音力をつける	相手の話に積極的に関心を示す	おひとりさま／昼食難民
	4週	仕事[トラブル]	母音 [a] の発音力をつける	相手に好意を抱かせる	イケテル／ハンパない
vol. 3	1週	アフターファイブ	[s(z)] vs. [θ(ð)] のペア比較	相手の話を理解できているか確認	歩きスマホ／既読スルー
	2週	夜	子音 [r] vs. [l] のペア比較	不明点をクリアにする	空気が読めない／ゆとり世代
	3週	休日	[f/v] の発音にもっとこだわる	言い直す、誤解を解く	いいとこ取り／結果オーライ
	4週	日本で外国人に接する	[æ] 音と「ア」系の音	具体例を求める、具体例を提示する	イケメン／どや顔
vol. 4	1週	四季と行事[春・夏]	音の飲み込みに挑戦	英語にできない情報を伝える、パラフレーズ	イタイ／鉄板
	2週	四季と行事[秋・冬]	消える音	相手との距離を調節する	青汁／発泡酒
	3週	海外旅行	つながる音	共通の話題を見つけ、会話を発展させる	婚活／女子会
	4週	海外出張	縮む音	スモールトークのマナーとおすすめの話題	恵方巻き／卵かけご飯

● 基本パック **28,000 円+税** ● オンライン・レッスン付きフルパック **34,000 円+税**

受講期間 4カ月　　**学習時間の目安** 1日25分×週5日

コースのねらい

TOEICテストのスコアと、実際の英語力の落差に悩んでいる方も少なくないでしょう。本コースで、仕事でもプライベートでも英語を自在に使いこなすための第一歩を踏み出しましょう。自ら積極的に会話に参加し、わからないことは相手にうまく聞き返し、言葉に詰まったときは別の角度から言い直すテクニックを学んで、会話をスムーズに続け、ときに自らリードする力を養います。

学習方法

1 会話を続ける力をつける
いろいろな情報を加えて長く話し続けたり、適切な質問で相手のレスポンスを引き出したり、ひとことコメントをプラスしたりしながら、会話のラリーを続ける力を養います

2 語彙を増やす
生活用語、仕事に必要な語彙をさらに増やすとともに、基本動詞や前置詞を使いこなせるように訓練します

3 発音に磨きをかける
日本人が弱いrとlの音、vとfの音など、毎週テーマを決めてワンポイント発音レッスンをします

4 コミュニケーション力を高める
アイコンタクトから始まる自己紹介でポジティブな印象を与えるにはどうすればいいか、聞き取れなかったときの聞き返しのテクニック、沈黙を避けるにはどんな方法があるかなど、相手に働きかけてコミュニケーションを成立させる力を養います

5 説明する、描写する力をつける
ぴったりの英単語がわからないとき、日本独特のものや微妙なニュアンスを英語で説明する場合に役立つ、さまざまなテクニックをマスターします

6 自分の意見や感想を適切に言う
仕事でも雑談でも、相手との距離によってふさわしい言い方があります。上司、同僚、取引先、顧客、友人など、いろいろなケースごとに、自分の賛否を述べたり、意見を調整する練習をします

5日目 意見・感想を言う	
休日に外国人の友人と外出する	
現地の得意先回りのスケジュール	
共通の趣味の買い物をする	
上司から予算の策定を指示された	テスト
家事の手順や分担について雑談	
商品の納入と手順について説明	
外国人の友人と旅行の計画を立てる	
新規プロジェクトについてミーティング	テスト
持ち寄りパーティーを開く相談	
得意先を接待するプラン	
共通の友人の消息に関するうわさ	
ライバル会社の内部事情は	テスト
テレビで見た事件やゴシップについて	
景気の動向や業界の動静について	
隣所とのもめ事の相談を受ける	
顧客からのクレームへの対応策	テスト

執筆陣

田中 茂範	長沼 君主	門田 修平	岡本 茂紀	川本佐奈恵	田中 宏昌 / 小林いづみ	高橋 朋子	阿部 一
慶應義塾大学教授 シリーズ総合監修	東海大学准教授 シリーズ・テスト監修	関西学院大学・ 大学院教授 シリーズ・アドバイザー	オフィス LEPS 代表 「基礎コース」 「実践コース」	English Time 主宰 「基礎コース」	明星大学教授 「基礎コース」/ IT 企業人事担当 「実践コース」	アメリカ創価大学 大学院院長・教授 「実践コース」	阿部―英語総合 研究所 (英総研) 所長 「実践コース」

ご受講のご案内

声に出す！スピーキング基礎コース

受講期間 3 カ月

受講料 【基本パック】19,000 円+税
【オンライン・レッスン付きフルパック】23,000 円+税

オンライン・レッスン ●お試し 1 回 ●レッスン 12 回 (週 1 回×15 分)

教材内容
- スタートアップガイド
- テキスト (A5 サイズ) 3 冊
- mp3 音声収録 CD-ROM(約 5 時間) 3 枚
- 副教材「英語習慣 100 日手帳」
- 選択テスト (Web 受験) 3 回
- 音声テスト (Skype 経由または Web 提出) 3 回
- 修了証書

■テキスト試し読み・音声試聴ができます→ **www.cosmopier.com/tushintop/**
■教材はお申し込み受付から 1 週間以内にお届けいたします

どんどん話せる！スピーキング実践コース

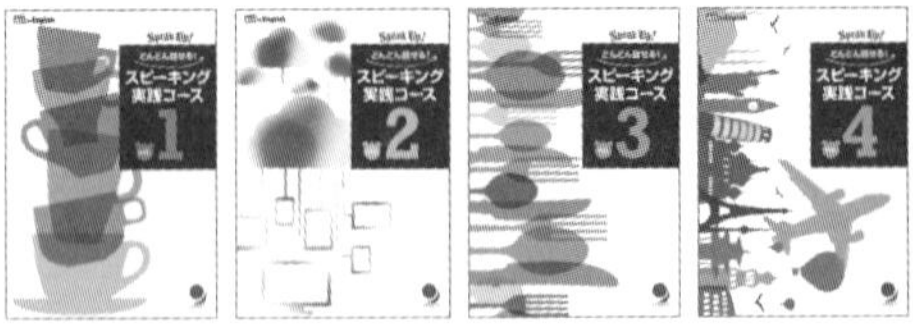

受講期間 4 カ月

受講料 【基本パック】28,000 円+税
【オンライン・レッスン付きフルパック】34,000 円+税

オンライン・レッスン ●お試し 1 回 ●レッスン 16 回 (週 1 回×15 分)

教材内容
- スタートアップガイド
- テキスト (A5 サイズ) 4 冊
- mp3 音声収録 CD-ROM 4 枚
- 副教材「英語習慣 120 日手帳」
- 選択テスト (Web 受験) 4 回
- 音声テスト (Skype 経由または Web 提出) 4 回
- 修了証書

お申込方法

■ **コスモピア・オンラインショップ**
www.cosmopier.net/shop/
＊クレジットカード一括払いとなります

■ 郵送　所定の申込書をご利用ください
■ TEL 03-5302-8378 (平日 9:00-17:00)
■ FAX 03-5302-8399
■ e メール　mas@cosmopier.com

＊教材と一緒に郵便局の払込用紙をお送りします。

● 件名を「スピーキング申込 083 係」とし、以下の項目を送信してください。
① 申込コース名 ② お名前 (ふりがな) ③ ご住所 ④ 電話番号 ⑤ 生年月日 ⑥ ご職業

・不良品はただちに交換させていただきます。開封済み教材の返品は原則としてご容赦ください

コスモピア　〒 151-0053　東京都渋谷区代々木 4-36-4
TEL 03-5302-8378　FAX 03-5302-8399　**www.cosmopier.com**